日本共産党への提言

組織改革のすすめ

碓井敏正 *Toshimasa Usui*

花伝社

日本共産党への提言——組織改革のすすめ◆目次

はじめに

変化する世界

現代は内外ともに多くの矛盾を抱えた、複合的危機の時代である。地球温暖化や異常気象、また新型コロナ感染症の世界的拡大は、人々の生活に深刻な影響を与えている。また国際的政治情勢も危険な状態にある。２０２２年2月に始まったロシアによるウクライナ侵攻は長期化し、ロシアの核使用の怖れも否定できない。また世界経済に深刻な影響を与えていることも周知の通りである。ウクライナ問題で明らかになったように、アメリカの覇権の後退と中国やインドなど途上国の台頭による多極化は、今後の世界をさらに不安定なものとするであろう。

国内について見ると、自公政権は安全保障面でアメリカとの一体化を進め、中国の「脅威」を理由に防衛費を倍増しようとしている。また新自由主義的政策による貧困と格差の拡大は国民的分断を深めているが、経済の長期的停滞と急速な少子高齢化は、日本の将来を危ういものとしている。

このような国内外の深刻な矛盾に対して、今われわれは何をなすべきであろうか。まず取り組むべきは政治を国民の手に取り戻し、民主主義を機能させることである。政治への国民の関わりを強化することは、問題解決の大前提だからである。そのために必要な二つの条件がある。一つは市民社会の成熟であり、もう一つは政治の世界における**民主的な政治勢力（政党）の拡大と政党間の協力**である。日本の社会と政治の改革を進めるためには、この二つの条件の実現が必要なのである。

まず市民社会の成熟について確認しておくべきは、日本にも成熟のための新たな条件が生まれてきている、という事実である。というのは、雇用の不安定化や高齢層の貧困化などが深刻化する一方で、経営が従業員の生活全般を支配する日本型企業主義や、業界（労働界含め）の利益に基づく利益代表型民主主義は、過去のものとなりつつあるからである。また市場セクターに対して、ＮＰＯやＮＧＯなど非営利セクターの比率も拡大しつつある。

人々の意識の成熟を示すのは、夫婦別姓や同性婚またＬＧＢＴへの理解など、個人の自立と生き方の多様性を当然のこととして認める価値観の広がりである。また政治的な動きとしては、安保法制制定時（２０１５年）の市民連合、さらにＳＥＡＬＤｓ

（自由と民主主義のための学生緊急行動）のような学生運動の台頭、さらに環境保護運動や地方分権改革の中で、自治基本条例の制定を求める市民運動など、政党の系列に属さない、地域における新たな変革主体形成の動きも見られる。なお情報化がこのような連帯の形成に貢献していることも見逃せない。

政治の世界の現状と変化

一方、政治の世界についてはどうであろうか。民主党政権の崩壊以来、進歩的政治勢力は政権の座から遠ざかっているだけでなく、社会的矛盾が深まる中で、維新の会のような右派勢力の台頭が著しいのが現状である。立憲民主党や共産党などの野党は、この間の国政選挙での協力により一定の成果を上げたが、今後の動向は不透明であるだけでなく、以前の状態に逆戻りする可能性も高い。このことは日本の政治全体の、さらなる右傾化を促進することを意味している。

しかしすでに触れた市民社会の成熟傾向に伴う、自律的市民とその運動の存在を考えるならば、決して日本の将来が暗いとは言えない。その点で特に指摘すべきは**自民党主流を支配する保守イデオロギーと、多様性を尊重する市民社会の価値観との乖離**

の広がりである。自民党は特に安倍政権の時代に、夫婦別姓や同性婚に頑強に抵抗するなど反動的傾向が強まり、もはや宏池会を中心とする保守本流（リベラル）の潮流は存在しなくなったと言ってよい。

このことは市民社会の価値を政策に反映するリベラルな政党と、そのような政党同士の連携の可能性の拡大を意味している。その点では立憲民主党や共産党が自由・人権の尊重に加え、政権を託しうる現実的政策を示すことが求められているのである。しかしこのことは、かつての民主党政権の失敗を見れば分かるように、それほど簡単なことではない。その後の長期にわたる安倍政権をはじめ自公政権を許した要因は、民主党政権への国民の失望にあると言うこともできる。

民主党政権の失敗の原因は、経験不足や雑多な議員構成など色々あるが、まず求められるのが、政策の精査であり協力可能な政党との間での政策の調整である。その点では政権獲得時の民主党時代に比べ、離合集散を繰り返して成立した現在の立憲民主党の方が、リベラルな政策がより明確化している。また当時と異なり、市民連合が政策の提案と調整役を演じていることが、野党共闘成功の大きな要因となることが期待されるところである。

組織の問題

　しかし本書で主として問題とするのは、政策ではなく政党組織のあり方である。というのは、政党のあり方が現在の市民社会の成熟傾向に沿わない場合には、政策以前の問題として、他党の信頼や国民の支持を得られないからである。

　その点で特に問題となるのが、日本共産党であることは明らかである。共産党が戦前戦後において果たしてきた役割の大きさを否定することはできない。しかしこの間の党勢の後退は一時的なものではなく、深刻なものがある。その理由には、ソ連体制崩壊後における社会主義の評価の失墜、中国共産党の現在の姿などがあることは間違いないであろう。

　しかし最大の理由は、すでに論じたような日本の市民社会の成熟傾向に相応しい組織に脱皮できなかった点にある。確かに政策の点では、そのリベラルな性格において他党に引けを取るところはない。また貧困と格差の拡大の中で新自由主義に反対し、社会的弱者に寄り添いながら、献身的な努力を行ってきたことは高く評価されるべきである。しかし国民は政策だけで支持政党を決めるわけではない。政党は政権を目指す点で、公的性格を帯びた組織であり、その組織がどのような運営がなされているかに大きな関心を払っている。

このような国民の問題意識に応えるべく、この間、綱領や規約においてさまざまな改革、たとえば「前衛」規定や「革命」という用語の削除、また「国民政党」としての規定の付与などを行ってきたことは事実である。しかし共産党は相変わらず閉鎖的で、権威主義的組織であるという国民の印象を変えるには至っていない。その理由は組織内で自由な議論がなされているようには見えず、そのため決定が上意下達であること、また最高責任者の委員長職の選出が、他党に比べ開かれた形でなされていないことなどにある。

特に問題なのは、この間の国政選挙などの敗北にもかかわらず、責任者である委員長が辞めない事実である。これは民意を軽視することを意味しており、民主主義社会における政党としての資格を問われる問題である。しかもこの点を問題とした2名の党員を除名したことは、さらに共産党に対する評価を下げることになった。民意に鈍感で独善的という印象ほど、政党にとってダメージを与えるものはない。またこれが他党の共産党への態度、すなわち野党共闘に影響を与えることも否定できない。

その意味では、野党共闘の推進をはじめ、今後の日本の政治を変えていくためにも、共産党による国民により見えやすい形での組織改革が求められているのである。本書はタイトルにもあるように、そのための提言の書である。多くの関係者に読まれることを期待したい。

第１章

日本共産党が飛躍するために、いま何が求められているのか

―結党１００周年に寄せて―

はじめに

日本共産党が結党されてから、２０２２年７月で１００周年を迎えた。その歴史が苦難に満ちたものであることは言うまでもない。特に戦前の天皇制の下で戦争体制と闘い、厳しい弾圧を受けながらも、自由と民主主義を主張し続けたことは、共産党の時流に妥協しない不屈の精神を示すものであり、日本の現代史において特筆されるべき事実である。

戦後の一時期においてはレッド・パージを受け、また誤った武装闘争路線を採用したことがあったが、その後、その誤りと党内対立を克服し、国会や地方自治体において多くの議員を擁するようになった。特に１９７０年代には社共共闘を軸として、東京や大阪など多くの革新自治体を生み出したことは、日本の民主主義の歴史的成果として記されるべきである。

その後、ソ連体制の崩壊により、社会主義に対する否定的イメージが広がったこともあり、民主連合政府を目指していた１９７０〜１９８０年代に比べ、国会議員の数は減少した。しかし現在、野党共闘によって国民連合政権を視野に入れつつあることは、党の存在価値を再び高めるものであり、その柔軟な路線への変化は評価されて良い。特に自民党の長期的低落傾向により、政権への何らかの形での参加の可能性が高まった現在、これまでになく共産党の役割が問われている。

しかし党自体が置かれた現状には厳しいものがある。というのは、この間の党員の高齢化などによる党勢の後退は否定しがたく、このままいけば、共産党は長期低落傾向を脱することができないまま、弱小政党へ転落する危険さえあるからである。

このような事態は日本の民主主義の将来のために、絶対に避けなければならない。戦後80年近くが経過した現在、長期自民党政権の下で平和憲法が空洞化しつつあり、また新自由主義的政策の結果、貧困と格差が拡大し、社会の分断が進んでいるからである。その点では、戦後民主主義の担い手であった革新政党の果たすべき役割は、むしろ大きくなってきているのである。しかしすでに社会党は解党し、社民党は弱小政党と化した。それだけに共産党の果たすべき役割は大きいものがある。

しかし共産党がその役割を果たすには、いくつかの条件がある。**中でも最も重要なのは、路線や政策ではなく、組織のあり方の見直しである。**もちろん基本路線や政策においても課題は残るが、本章では組織の問題に絞って論じることとする。それはこの課題を解決ないし改善すること抜きに、党の前進はないと思うからであり、逆に言えば、この課題の解決により、党自体の支持拡大だけでなく、野党共闘をより容易にすることによって、日本の政治革新に大きく貢献することができると思うからである。

1 問われる組織の体質

なぜ政党組織の体質が問われるのであろうか。この問題を考える上でまず理解しておくべきは、**政党の市民社会における位置**である。政党は市民社会におけるたんなる一組織ではない。野党であろうとも政党は、政権の座に就くことにより国家権力を行使する可能性を有した組織、すなわち個人や市民社会を支配し、抑圧する危険性を有する組織でもある。それ故、市民は政権交代を望む場合においても、新たな政権を担う政党が個人の自由や多様性を尊重するか、あるいは体質として身につけているか否かについて、敏感にならざるを得ないのである。

この点で共産党という党名を掲げる政党が、大きなハンディを負っていることは言うまでもない。かつてのソ連共産党や現在の中国共産党を見れば明らかなように、共産党は国家権力と一体化して国民の自由を認めず、全体主義的な独裁体制を築いてきたからである。もちろん現在の日本共産党は、旧ソ連や中国を社会主義とは認めていないが（ただ両国に対する評価には変遷がある）、かつての両党との関係まで否定することはできない。

また共産党は「自由と民主主義の宣言」（１９７６年）以来、現在の民主主義体制を護ることを表明し、また近年では、ジェンダー問題やＬＧＢＴ問題などで、多様性に寛容なリベラルな政策を採用している。その他、天皇制や安保条約などに対する、党の政策の柔軟化についても周知の通りである。しかし問題は、それが組織の体質から出たものかどうかである。仮に路線の柔軟化が、一部の指導者のトップダウンの結果であるならば、組織の体質が変わったことにはならないからである。

もちろん、政党の基本目標（綱領）を逸脱する多様性が認められないことは言うまでもない。しかし綱領も時代の変化に応じて変わらなければならず、そのためにも一定の範囲において、**異なる意見の存在と幅広く自由な議論**が求められるのである。その点でまず問われるのは、組織運営のあり方である。ほとんどの国民は現在の共産党が開かれた自由な組織とは見ておらず、むしろ閉鎖的で多様性を欠いた組織と見ている。

具体的に言えば、中央の決定に関わる党員は、専従の中央委員などに限られる傾向があるが、この点は次節で取り上げる予定の、組織における寡頭支配と関係している。また党の決定は全員一致が殆どであるが、全員一致が決定の正しさを保証するわけではない。経営学者のP・F・ドラッカーは、企業の決定の第一原則として、「**意見の対立を見ないときには、決定を行わない**」を上げているが、その理由は、意見の対立を促すことによって、不完全で間違った意見にだまされることを防ぐためである。安易な全員一致ほど無内容で、危ういことを経営学者はよく知っているのである。

なお付け加えて言えば、共産党の歴史においても、路線上の意見の対立から7回大会（1958年）で綱領を決定できず、8回大会（1961年）まで論争を続けた、という事実があったことを忘れてはならない。

また委員長の選出方法についてみれば、日本の主要な政党（公明党を除く）は党員投票を組み込んだ公選制を採用しているが、共産党の場合、トップは党大会で選ばれるが、その過程は前任者が後任（みずからを含む）を推薦するという形をとっており、民主的に選出されているとは言い難い。なお公選制が党員の参加意識を生み、組織の結束と活性化をもたらすことを付け加えておく。

いずれにしろ、党の「リベラルで柔軟な政策」と指導層の選出方法などに現れた「組織の体質」とのギャップが、共産党に対する違和感の源であり、これが解消されない限り、国民の幅広い支持を得ることはできない。人は正しくも、人物や組織を評価する際に「何を言っているか」ではなく、「実際に何をやっているか」を基準に判断するものだからである。

ところで市民社会的価値観と政党組織との間のギャップは、共産党に限らない。なぜこのギャップが生まれるのかを理解するためには、以下に論じる組織論についての理解が必要である。

2　組織の論理

個人でもそうであるが、組織まして大きな組織になれば、現実の変化に対応して、その体質を変えることは容易ではない。その理由は、組織は固有の論理に支配されており、いったん成立した組織は、みずからのあり方を維持しようとする傾向（これを組織慣性と呼ぶ）があるからである。しかしこの傾向を打ち破る努力を怠れば、組織はやがて社会から淘汰されることも事実である。

ただ組織には、現実の変化に対応しやすいタイプと、そうでないタイプがある。まず企業のような経済組織はどうであろうか。企業も官僚的編制を採用しており、必ずしも現実の変化に機敏に対応できるわけではない。しかしその運営状況は、定期的に数値（利益）で表され、業績が悪ければ市場の支持を失い、株価は下落する。このような事態を避けるために、企業は経営路線や経営者の交代、さらに経営体質の転換、いわゆるイノベーションを迫られることになる。その意味では、企業のような経済組織は、現実の変化に開かれた革新的組織と見ることができる。

問題は政党である。政党も企業と同じように、競争的関係（競争的民主制）に置かれており、その活動の成否は選挙の票数として明確に現れることになる。しかしその結果の受け止め方は、政党の性格によって異なることも事実である。決定権が一部の幹部に集中し、しかもトップダウン型組織では、現実の変化に鈍感になり、その対応が難しくなる。変化を一番よく把握している、現場の活動家の声が届かないからである。加えてイデオロギー的な性格を有する政党においては、イデオロギーが先行するため、現実認識が歪められることになりやすい。実は共産党のような社会主義政党、特にマルクス主義をアイデンティティとする政党ほど、この傾向が強いと言うことができる。

政党と現実との乖離を政党における少数者支配の問題として鋭く分析したのが、R・ミヘルスである。彼の主張は第４章で詳しく紹介しているが、政党組織の矛盾を解明したものとして注目に値する。

彼は『現代民主主義における政党の社会学』（１９１１年）において、彼自身がその一員であった当時のドイツ社会民主党を対象として、**政党における寡頭制支配**の問題を論じた。彼によれば、国家と対峙するために巨大化した社会主義政党も、官僚化により一部の職業的指導者層の寡頭的支配を生み出すが、そのことにより本来の党の理念は忘れられ、一般の党員や労働者階級との間に亀裂が生まれるという。このように組織内分業によって生じた指導者集団が、独自の自己関心と自己利害を生み出すのは、永遠の社会学的法則であると彼は断じている。

さらに少数者支配はいかなる組織や体制においても避けられず、「人類の多数者が自治することとは、永遠に不可能である」と結論する。またこの点の認識を欠いていたのが、マルクスの唯物史観の問題点であるという。共産党の幹部党官僚が、実質的な支配者であったソ連体制は、ミヘルスの理論を実証したものと言える。

もちろん彼の議論をすべて受け入れることはできない。たとえば、官僚制には組織運営の公正さを担保する意味もあるからであり、また少数者支配を許すか否かは、市民社会の成熟度によるが、ミヘルスが生きた時代と現代とでは、その点で大きく状況が異なるからである。しかし政党組織についての彼の指摘が重要であること、それ故、組織改革において、この点を自覚しておくことが求められていることに変わりはない。

政党に限らず、組織は寡頭支配だけでなく、別の問題も抱えている。すでに述べた組織慣性だけでなく、各種の心理実験によって明らかにされているように、特に宗教団体を含めイデオロギー性が強い組織においては、現実の無視、権威者への過度な服従、また集団浅慮などが生じやすい。同調圧力の強い日本では、特にこの点に対する注意が必要である。

これらの傾向が、人間が有する保守的性格に起因していることを考えるならば、組織改革が容易でないことが改めて分かる。しかしこの問題を解決しない限り、政党が国民・市民の期待に応えることはできない。そこで次に問題となるのが、このような困難を乗り越え、持続可能な組織を形成するために何が求められるのか、という点である。

3　新たな自己革新型組織の構築

わたしは本書の第３章、第４章において、Ｍ・ウェーバーやＲ・マートンの官僚制論や日本陸軍の組織分析（野中郁次郎他『失敗の本質』中公文庫）、またＣ・バーナードの経営組織論などをふまえて、自己革新型組織の重要性を説いた。その主張の要点をまとめれば、以下のようになる。

（１）組織運営の公正さを担保する、官僚制の歴史進歩的な役割を評価しつつ、その矛盾を最小限に抑えること。中央集権的な国家体制に対抗するために、政党が集権的性格を帯びることはやむを得ないとしても、みずからの組織の発展が官僚化や集権化によって妨げられることは避けねばならない。そのためには組織内でできるだけ対抗的で自由な議論がなされること、またそのための手立てを考えることが必要となる。

（２）組織が社会環境の変化を敏感にとらえるには、現場の情報や意見が尊重される分権型組織編制と、下部組織における一定の自律性の保障が必要である。軍隊においても企業においても、トップが現場を無視した結果、いたずらな敗北や倒産を招いた例には事欠かない。それ故、これを（1）で述べた集権型組織編成と、いかに調和させるかが重要な課題となる。

（3）組織を構成する人間の問題を重視しなければならない。経営組織論の創始者、C・バーナードは、「自由意思についての正しい認識を持たないことが、管理活動の失敗の重要な原因である」（『経営者の役割』ダイヤモンド社、1956年）と述べているように、組織における個人の選択の自由や自由意思など主体的側面を重視したが、この点こそ、現代のあらゆる組織が抱える矛盾を解決する際に、常に立ち返るべき原点なのである。

このような問題意識は特に、個人の自律性、多様性が重視される成熟した現代社会においては重要である。なお経営組織論が組織のあり方に大変深い洞察を加えているのは、企業が非常に厳しい環境に置かれているからであり、企業にとって自己革新は生き残りの必須の条件だからである。もちろん企業と政党とでは活動内容が異なるため、同一視はできないが、組織運営について企業から学ぶところが多いのも事実である。

さて今後の共産党の組織改革において、以上の議論からどのような教訓を引き出すことができるのであろうか。まずミヘルスが指摘した政党における寡頭支配に関わる問題であるが、他の政党に比べ、共産党は専従者の数が多いだけに、官僚化の弊害に対する注意が必要である。その点では、（２）（３）で述べた課題への配慮が重要である。

加えて専従組織が大きいことは、組織の維持に大きなコストがかかり、それ自体が党の大きな負担となることにより、本来の政治活動が疎かになる危険がある。これらの点を考慮するならば、専従組織の軽量化が大きな課題となるであろう。

特に共産党が抱える固有の問題として、組織の閉鎖的性格がある。その要因として、綱領はじめ諸決定が長文で理解が容易でないこと、党大会に長期間をかけることなどを挙げることができる。「学習」を重視するのは、このことと関係しているが、このような組織文化が、一般市民の党へのアクセスを阻害する要因になっている。

また他党との大きな違いとして、議員特に**国会議員の位置づけの問題**がある。共産党では組織の決定において、幹部会員や中央委員など組織の役員が重要な役割を果たす一方で、国会議員の役割は他の政党に比べれば、はるかに比重が軽い。しかし議会制民主主義においては、直接、国民から主権を信託されるのは議員であること、また彼らが国民に最も身近な存在であることを考えるならば、議員の役割はもっと重視されてよい。また国会議員に多様な人材を登用するのも、党のイメージを変える上で効果的であろう。

もちろんこの間、共産党が改革の努力を怠っていたわけではない。前衛規定の削除や、階級政党であるだけでなく国民政党としての新たな規定（規約2条）、また組織について見れば、県委員会など地方組織の自治性を高める改善や、これまで党に一括されていた議員後援会の組織編成が改められ、個人後援会が復活したことなどはその具体例である。

この他にも各種の改善がなされてきているが、今後、組織内での自由な議論によって、党名問題含めさらなる改革が期待されるところである。そのことが急がれるのは、次節で見るような顕著な現実の変化、すなわち社会情勢と人々の意識の変化があるからである。

4　組織改革が求められる現実の変化

さてこれまで、現実の変化に機敏に対応できる組織のあり方を中心に論じてきたが、そのことが求められるのは、市民社会の現実が大きく変化しつつあるからである。それは具体的に言えば、**無党派層の拡大であり、市民社会の成熟**である。実はこの傾向の内にこそ組織改革が求められる理由があり、また同時に、共産党の支持拡大のカギが隠されているのである。

無党派層を重視すべき第一の理由として、変革の主体たるべき労働者階級の現状がある。戦後一時期、50％を超えていた労働組合の組織率は、現在16％台にまで落ち込み、しかも組織された労働者、特に民間企業の労働者は相変わらず企業主義に捕らわれている。その一方で、低賃金で無権利状態に置かれた非正規雇用者が全体の４割に達している。中でも女性労働者の置かれた労働環境は劣悪なものがある。

このように労働者階級間に深刻な分断がある現状では、彼らが変革の中心的勢力となることは難しい。共産党は第一に階級政党であるが、その支持基盤を無党派の市民に求めざるを得ない事情が、この点にある。

そこでまず**無党派層の近年の投票動向と、無党派層の実態**について分析してみることとする。投票動向については、2021年7月の都議選における読売新聞社の出口調査(2万3000人対象)が参考になる。それによれば、無党派層の投票先として一番多かったのは、やはり「都民ファーストの会」の28%であるが、次いで多かったのが共産党と立憲民主党の16%であった。ちなみに自民党は13%、公明党に至ってはわずか6%に過ぎなかった。実はその前の都議選(2017年)でも、NHKの調査では共産党の支持者は8%であるが、得票率は14%であった。この支持者と得票率の差にこそ、共産党の飛躍のカギが隠されている。共産党の固定支持層の拡大が、高齢化などにより大きく期待することができない現状では、若者層を中心とした無党派層の支持拡大にこそ、党の将来の可能性があるからである。

次に問題とすべきは、無党派層をどう理解するかという点である。無党派層には政治的無関心層を含め色々なタイプがあるが、その中心を占めるのは、政治的見識は有するが、政党との間に距離を保つことを意識的に選択する人々である。この傾向は大きく見れば、みずからの生活を組織によって縛られたくないという意識、すなわち個人主義の市民社会への浸透によるものと考えることができる。その意味で、無党派層を浮動層と呼ぶのは、誤解を招くものである。

90年代末以降、無党派層が拡大しているが、２０２１年10月の衆議院選挙直前における政党支持率（朝日新聞による調査）は以下のようであった。これを見ると無党派層という「党派」が半数近くを占めていることが分かる。このような傾向は、個人や家庭よりも企業と経済成長を至上目的とし、業界や団体の利益に奉仕することを是とする価値観から、人々が卒業しつつあることと関係していると思われる。

無党派層……46％
自民党……22％
維新の会……16％
公明党……６％
立憲民主党……４％
共産党……４％

今後、このような市民社会の成熟とともに、無党派層はさらに拡大していくであろう。また人々の組織離れと関係していると思われるのが、近年における各政党の党員の減少である。各政党の党員数の減少については、第3章65頁の図を参考にしてもらいたい。このような事実をふまえるならば、無党派層の支持をいかに獲得するかが、特に固定支持層が少ない共産党にとって、大きな課題であることが分かる。

なお若者を中心とした組織離れは一般的な傾向であり、創価学会のような宗教団体にも及んでいる。創価学会含め、新興宗教の勢力はここ30年ほどで、4割減少したという見方もある。また最近の一斉地方選挙（2023年）では、公明党の候補が大量に落選したが、このような現象はこれまでに見られなかったものである。これには安倍元首相の銃撃死事件（2022年7月）をキッカケに明らかとなった、旧統一教会の反社会的活動が国民に広く知られたことの影響も大きいと思われる。

ところで組織嫌いは、政治への関わりを忌避するということではない。野党共闘の推進役として重要な役割を担っているのは、市民団体だからである。市民は運動の自主性が保障されるならば、いつでも運動の主体となる用意がある。むしろ運動が自主的であるが故に、近年における市民連合の活躍が示すように、社会的影響力と広がりがあるわけである。

このような組織嫌いの無党派層、あるいは「政党支持なし層」の拡大が時代の趨勢であり、すでに選挙民の過半数近くを占めていることを考えるならば、党員や機関紙の拡大など、党勢の拡大に大きな壁があることが分かる。また機関紙や党員数と選挙の獲得票を関連づけるやり方は、ますます難しくなるであろう。しかしそのことは、日本共産党の未来が暗いことを意味しない。むしろ新たな飛躍の時代の始まりと見るべきであろう。しかしその飛躍はこれまでに述べたような、組織のあり方の改革が条件となることを、最後に付け加えておく。

第2章

野党共闘と共産党──その可能性と課題──

はじめに

2022年7月の参議院選挙は、ウクライナ問題や安倍元首相銃撃死事件などの影響に加え、野党の選挙協力の不調もあり、与党自民党が選挙前の議席をほぼ維持する形となった。また政権選択選挙である2021年10月の総選挙は、自民党単独の政権維持を認める結果となった。この間の国政選挙の最大の話題は野党共闘の成否にあったが、2019年の総選挙では野党共闘は一定の成果を上げながらも、ここ2回の国政選挙では共闘体制は不十分なものにとどまり、選挙の結果は、今後の野党共闘の将来を不透明なものとした。

そこで野党共闘がなぜうまくいかなかったのか、本章では立憲民主党と共産党、特に共産党に焦点を当てて、その根本的理由と組織改革の必要性について考えてみたい。また野党共闘のキッカケとなった、市民運動の役割と可能性についても論じる予定である。

なお基本的な問題として理解しておくべきは、野党協力が求められる背景に選挙制度があるという点である。仮に選挙制度が小選挙区制中心ではなく、完全比例代表制であれば、選挙協力の必要は生まれない。選挙に際し、各党は自党の得票率の拡大に専念する以外ないからであり、連立政権の調整は、選挙後の各党の得票率を確認した上で行われることになるからである。もちろんそれが最良の形であるとは断定できないが、政党間協力と選挙制度の相関関係については認識しておく必要があるであろう。

1　立憲民主党と共産党――その性格の違いと課題

立憲民主党の性格

野党間の持続的な共闘が可能となるためにはさまざまな条件があるが、とりわけ重要なのが共闘関係にある政党間の信頼関係であり、またその前提となる政党の基本的性格の近似性である。仮に当面の政策が共通していても、党の基本性格や路線が異質であれば、共闘は安定したものとはならないであろう。そこで本節ではまず、野党共闘の中心である立憲民主党の性格について分析し、その課題を明らかにしたい。

なおれいわ新選組については、左派勢力に属することは明らかであり、野党共闘に参加しているが、綱領や政党組織のあり方など未確立な部分が多い。またれいわ新選組に限らず、新興の政党はみずからの存在をアピールするために、他党とは異なる独自の路線を歩む傾向がある。それ故、現状では安定した共闘の対象とは言い難い。そのような理由から本稿では言及しない。

ところで現在の立憲民主党の成立（2020年）の経緯は、当時の各政党・党派の思惑が絡んでいるため複雑であるが、立党の主旨が安保法制（2015年）をはじめとする、憲法無視の安倍政治に対する反発を引き継いでいることは明らかである。その点は現在の綱領にも現れている。綱領は次に示すように、7つの柱から成っている。なお立憲民主党はかつての民主党ほどではないが、いくつかの政治潮流から構成されているため一枚岩ではなく、この点が野党共闘に影響を与えていることは言うまでもない。

（ア）立憲主義に基づく民主政治
（イ）人権を尊重した自由な社会
（ウ）多様性を認め合い互いに支え合う共生社会
（エ）人を大切にした幸福を実感できる経済
（オ）持続可能で安心できる社会保障
（カ）危機に強く信頼できる政治

（キ）世界の平和と繁栄への貢献

最初に挙げられている（ア）～（ウ）は、党名にも掲げられている立憲主義そのものに関わる課題である。この点は安保法制の強行や権力の私物化（いわゆる「もりかけ」問題など）に反対し、政治の透明化を求めた立党の経緯とも関係している。綱領の項目の順番を見れば分かるように、立憲主義や人権が重視され、安全保障問題が後に回されているが、このことは同党のリベラルな性格を表している。

ところで立憲主義を強調する点は、国民民主党と対照的である。国民民主党の綱領（２０２３年）には、立憲主義に触れてはいるものの、多くが現実の国民的課題で占められている。しかも同党は「改革中道政党」を名乗ってはいるが、その政治的立場は中道というよりも右寄り改革政党と見るべきであり、政治的現実主義に陥ることにより、憲法を軽視する危険性をはらんでいる。総選挙後の与党化（２０２２年度予算案に賛成）が、そのことを裏書きしている。それ故、立憲野党との共闘は難しいと見るべきであろう。

なおつけ加えるならば、憲法を改正し、首相公選制や一院制の実現を政策に掲げる維新の会の綱領には、立憲主義への言及はない。地域政党から出発した維新の会であるが、小さな政府を目指し、経済の自由競争や個人の自助努力を重視する点で、同党は新自由主義的政策を基本としている。これは自民党の政策をさらに右寄りに推し進めるものであり、それ故、立憲民主党が当面の打算から維新の会との協力関係を結ぶことは、立党の精神の否定を意味するものであり、その支持基盤を失う危険がある。

立憲主義だけで政治を担えるか——立憲民主党の課題

そこで問題としたいのは、立憲主義の意味と立憲主義を掲げる政党の性格であり、特に政治への関わり方である。立憲民主党という党名が、安全保障政策など安倍政権による憲法蹂躙の政治に対抗する意味から来ていることはすでに触れたが、このような立党の経緯が、党の政策に色濃く反映している。そこで立憲民主党の基本性格を解明するために、立憲主義の意味をまず理解しておくことが求められる。

そもそも**立憲主義とは「個人の自由や権利を護るために、憲法によって国家権力の行使を制限し、法に基づいた政治を行うこと」を目的とする考え方である。**国家権力を立法権、行政権、司法権に分割する三権分立の体制が、そのような考えによることは言うまでもない。現在の日本の憲法がこの原則に立脚していることは明らかであり、ちなみに99条には天皇をはじめ、国会議員など公務員の憲法遵守義務が規定されている。

重要なことは、立憲主義が「権力性悪説」とでも言うべき政治思想を前提としている、という点である。この権力観はモンテスキューやヒューム、ジェファーソンなどにより主張されたものであり、専制君主による恣意的な人治主義に反対するだけでなく、権力固有の論理を批判したものとして、立憲主義の根本にあるものと言ってよい。なおこの種の権力観は、階級闘争において権力の奪取を主要課題とするマルクス理論においては存在しない。

ところで権力の獲得を目指す政党（立憲民主党）が、権力性悪説的思想に立脚していることをどう理解すべきであろうか。本来、権力の横暴を防ぐために立憲主義を主張するのは、政党・政治家ではなく、被支配者である一般市民である。そう考えると、立憲民主党が市民的立場を重視する政党であることが分かる。

そのような立憲政党の性格によるのであろう、立憲民主党の２０２２年の選挙政策においては、人権重視の政策が中心を成している。その内容は詳細であり、よく考えられたものである。一方で、防衛問題などについては記述が少ない。ウクライナ問題や対中国問題などにより、安全保障政策への国民の関心が高まっている現状では、選挙民が立憲民主党に物足りなさを感じるのはこの点にあると考えてよいであろう。この間の選挙における立憲民主党の不振の一方で、維新の会が躍進している事実は、このような同党への国民の評価の現れと見ることもできる。

ところで問題は安全保障問題や貧困・格差問題など、日本の政治の重要課題における立憲民主党の政治的立ち位置である。現在の党の代表である泉ケンタ議員は、元々は希望の党、国民民主党のメンバーであり、現実派に属するとみてよい。また前党首で立憲民主党の創立者である枝野幸男議員も日本新党の出身であり、みずからを**リベラル保守**であると述べている。つまり現在の立憲民主党はリベラルではあるが、左派とは言えない。それ故、政治的には中道政党と見なしてよいであろう。彼らを左派的にさせているのは、自民党の右傾化によるところが大きいのである。

この点が共産党など左派勢力と安定した共闘関係を築く上で、根本的な障害となることが予想される。しかし憲法違反の安保法制からはじまり、現在の敵基地先制攻撃論がまかり通る日本の危うい「防衛」政策や、新自由主義的政策による貧困と格差の拡大を考えるならば、立憲主義を掲げる政党の果たすべき役割は大きい。その意味では、次に述べる共産党などとの持続的協力関係により、現在の自公政権にとって代わる、新たな政権を追求することが期待される。

そのためには、立憲民主党自体がその支持基盤を含め、変わることが求められている。その点では既得権益にこだわり、与党に接近する連合や原発推進にこだわる電力労連などに、支持を求めることは止めるべきであろう。これらの勢力は人権や多様性、さらに環境重視の立憲民主党の理念に合わないからである。

逆に立憲民主党が目を向けるべきは、都市の無党派市民や雇用が不安定な労働者はもちろん、新自由主義政策により生活基盤が破壊されている、第一次産業の勤労者などである。このことは組織内での痛みを伴うであろうが、立憲民主党の立党の精神を護ることを意味しており、将来の発展につながるはずである。なお立憲民主党の抱える問題を考える上で、吉田健一『立憲民主党を問う――政権交代への可能性と課題』（花伝社）が参考になる。

2　共産党の抱える課題

連立政権の難しさ

次に野党共闘のもう一方の当事者である、共産党の性格と課題を論じておこう。安定的野党共闘と政権獲得のためには、それぞれの野党の変化が必要であるが、それが最も求められるのが共産党である。というのは、同党はこれまで、ややもすれば「独りわが道を行く路線（自共対決路線）」を歩んできたからである。確かに一時期においては、自共対決路線に一定の現実性があったが、近年における党勢の後退は共産党の存在感を弱めている。このような状況において、市民連合の呼びかけによるところが大きいとは言え、共産党が選挙協力などをはじめ、野党連立政権の実現に向けた共闘路線へと転換したことは、党の存在感を高めるものであり、その意義は大きい。

しかし**現状では、共産党が立憲民主党との連立政権を担うことは、困難と考えてよい**。日米安保条約に反対する共産党と、これを認め日米同盟を安全保障政策の基軸とする、立憲民主党との政策の違いが大きいからである（立憲民主党も憲法を逸脱した安保法制には反対しているが）。また自衛隊政策について見れば、立憲民主党は「憲法改正の必要はないが、自衛隊は合憲である」という立場であるのに対し、共産党の主張は「自衛隊は違憲であり、やがてなくすべきである」というものである。なお連立政権参加の際に「自衛隊は違憲であるが、政権に加われば合憲的存在と見なす」という二重基準も、国民の理解を得ることは難しいと思われる。

もちろん基本政策が異なりながら、連立政権を組むことは理論的には可能であろう。そのよい例が現在の自民党と公明党との連立政権である。日米安保体制の強化と軍拡路線を歩む自民党と平和主義（護憲）をアイデンティティとする公明党とでは、その基本路線が異なることは明らかである。しかし両党の連携が議席の確保と政権維持という打算から来ているとはいえ、20年以上にわたり続いているのである。

ところが最近の状況を見れば分かるように、このような公明党の路線が支持母体の創価学会の支援を弱め、２０２２年の参議院選挙では比例代表の得票を１００万票も減らし、議席を7から6に減らすこととなった。２０２３年の統一地方選挙でも同様の結果に終わった。その意味では、長期的視点で見た場合、果たして自民党との連立が公明党にとってプラスに作用したのか、現在その検証が求められているのである。

このことは共産党についても言えることである。現在の執行部は、連立政権にやや前のめりであるが、連立が党にもたらす影響については、その積極面を評価しながらも、ヨーロッパ左翼の例にも学びながら、長期的視点に立った対応が求められている。

党の基本的性格

ところで共産党には基本政策だけでなく、他党との協力を困難にしている、より大きな要因が存在している。それは①**政党の基本的性格と**、②**組織のあり方**である。なおこの間、これらの問題について、共産党がさまざまな改革を行ってきたことは事実である。しかしそれが党に対する国民の印象を変えるには至っていない。その理由は、やはり改革が抜本的でないところにある。それ故ここでは、より踏み込んだ分析に基づいた提案を行いたいと思う。

まず①政党の基本的性格についてであるが、この問題のポイントは共産党がマルクス主義に基づく**社会主義政党**なのか、あるいは西欧流の**社会民主主義政党**なのかという点にある。現在の共産党は急進的な改革ではなく、憲法体制を認めた上で国民の合意に基づく改革を追求しており、その点では社会民主主義政党と見なすこともできる。

しかしこのような改革は、綱領で「民主主義革命」と呼ばれており、社会主義革命の一段階として位置づけられているのである（なお現在の綱領では、「社会主義革命」は「社会主義的変革」という言葉に置き換えられている）。**革命とは体制転換を意味するものであり、社会民主主義政党が使う言葉ではない。**この点に現在の共産党が国民にアンビバレントな印象を与えている要因がある。参考までに言えば、日本の社民党の宣言（２００６年）には、「もう一つの日本社会の実現」という言葉はあるが、革命という言葉は出てこない。

この点は共産党の基本理論と関係している。現在の党の規約に「党は、科学的社会主義を理論的基礎とする」（２条）とあるが、科学的社会主義の主要な課題を生産手段の社会化ととらえていることから分かるように、この理論がマルクス主義に基づくことは明らかである。ところでマルクス主義が生産手段の私的所有を廃絶し、体制転換を追求する革命理論であることは言うまでもない。

この点は**共産党が階級政党なのか、あるいは国民政党なのか**という問題にも関係している。規約２条では、共産党は階級政党であると同時に、国民政党でもあると自己規定しているが、この二つの異なる自己規定は緊張関係にある。というのは、搾取の廃棄を目指す階級政党であると自己規定することは、社会主義体制の実現と革命の重視につながる一方で、国民政党であると自己規定することは、民主主義と改良を重視することにつながるからである。

組織のあり方

このような共産党の基本的性格が、②組織のあり方に大きな影響を与えることになる。組織のあり方とは、権威的で閉鎖的と言われる体質である。組織体質の問題は重要である。というのは、政党を選択する際に国民が重視するのは、政策だけでなく**政党組織の現実のあり方**だからである。それは個人を評価する際に、彼が「何を言っているか」ではなく、「何を行っているか」を重視するのと同じことである。なお宗教政党である公明党も閉鎖的性格を有しているが、われわれは公明党に期待しているわけではないので、ここで触れることはしない。

権威的で閉鎖的と言われる体質を生む要因として、ここでは大きく三つを挙げておく。一つは**前衛党的性格である。**階級政党としての共産党の性格は、労働者階級を先導して資本主義勢力と闘うという党の役割から来ているが、レーニンによる革命意識の労働者階級への外部注入論に典型的なように、この政党論は労働者を指導する党を権威的存在としてとらえる考え方と結びついている。

これが国民の意思を受けて政策を実現するという、民主主義社会における政党の役割と食い違うことは明らかである。というのは民主主義社会においては、市民と政党との関係は対等であるのに対して、労働者階級と前衛政党との関係は指導と被指導の関係にあり、対等・平等とは言えないからである。共産党は２０００年に開かれた22回党大会において前衛党規定を削除したが、組織体質として前衛党的性格が払しょくされたとは言い難い。

次いで問題となるのが、この点とも関連する**イデオロギー的性格**である。そのイデオロギーとは、すでに取り上げたマルクス理論（科学的社会主義）である。共産党はマルクス理論による党内教化のために「教育」を重視しているが、そのことが党のイデオロギー的性格を強めている。問題はイデオロギーの重視が、組織の閉鎖性と結びつくという点である。なお閉鎖性はイデオロギーの種類により、程度が異なってくる。宗教的イデオロギーの場合には、教義の閉鎖性は本質的なものであり、時代に応じて教義を変えるわけにはいかないであろう。しかし「社会科学的イデオロギー」については、時代に開かれたものでなければならない。特に現代のような複雑な時代においては、時代や社会の分析と評価について、マルクス理論を基本とするにしても、その解釈においてさまざまな見解が生まれるのは当然であろう。

しかし党の機関誌『前衛』や共産党系の月刊誌『経済』（新日本出版社）などにおいて、異なった見解の間で議論がなされることはない。物事の真実は議論や対話を通して明らかになることを考えるならば、このことは真実からみずからを遠ざけ、組織の権威的性格をより強化することになりかねない。

社会主義政党を自認する限り、資本主義体制を超える理念や思想を有するのは当然であるとしても、それが特定の理論や考え方に偏り、それから外れる考え方を排除することになれば、組織の閉鎖性が一層強まることになる。もちろんさまざまな考えに基づく「分派」の存在は、組織の統一性を乱す危険があるが、現代では、むしろ多様な意見が組織を活性化させる可能性を重視するべきであろう。

このような共産党の組織体質が、多様性を重視する同党のリベラルな政策と合わないことは明らかである。近年、特に若年層において、共産党を保守的政党と見なす傾向が広がっているという調査結果があるが、これもそのような体質の結果であるのかもしれない。

民主集中制について

組織の権威的性格を生み出すと考えられているのが、**組織原則としての民主集中制とりわけその実態**である。民主集中制が機能するためには、民主の重視すなわち組織内における自由な議論が不可欠である。確かに規約には「党の決定は、民主的な議論を尽くし、……」（第3条）とあるが、少なくとも見えるような形で、民主的な議論が尽くされているとは思われていない。そもそも議論がなされるためには、意見の対立が条件となるが、自由な意見の交換を欠いた「民主集中制」は、上意下達を正当化する組織原則に堕すことになる。その結果、民主集中制は幹部による統制・支配の道具となる危険性が高い。

そう考えると党の活性化のために、民主集中制のあり方の根本的再検討が必要であることが分かる。その点でまず求められるのが、**①自由な議論を保障するための工夫、②分派の定義の明確化**、である。①に関わって言えば、自由な議論は綱領に関わるような重要な課題についてもなされるべきこと、それが組織の各レベルでなされ、党の路線や方針に反映されることが必要である。このような議論に一般党員が参加することは、組織に対する責任感を高め、組織を活性化することにつながるであろう。

また②について言えば、共産党に限らず、基本的考え（たとえば日米安保条約の是非について）の異なる分派が存在し独自の活動を行うことが、組織の統一性の破壊につながることは明らかである。しかし問題は、何をもって分派とするかである。規約3条には「党内に派閥・分派はつくらない」と書かれてはいるが、派閥・分派の定義が不明確である。分派の規定が不明確であることは、自由な議論を抑制する危険がある。そう考えると分派規定の明確化が、執行部に都合の良い決定（分派指定）を制約し、自由な意見交換による組織の活性化のための条件であることが分かる。

最後に挙げるべき三つ目の要因は、**組織が抱える固有の矛盾**である。この点はすべての政党に当てはまる。というのは、いかなる既成組織においても指導部がみずからの権力行使を正当化し、その権力を維持しようとする傾向があるからである。共産党の規約第3条の冒頭に「党は、党員の自発的意思によって結ばれた自発的な結社であり……」とあるが、いったん成立した組織は組織固有の論理によって支配されることになり、個人の意思によってこれを変えることは容易なことではない。

第4章で取り上げたR・ミヘルスは「職業的指導者層の形成の始まりは、民主主義の終焉の始まりを意味する」と述べているが、中央委員や幹部会員の数が多い共産党は、その点で注意が必要である。しかも共産党はいわゆる議員政党ではなく、重要事項の決定において常任幹部会委員の果たす役割が大きい。また彼らの選出の過程が、一般市民には分かりにくいこともマイナス要因となっている。加えて専従幹部の場合には、定年を迎えるまで役職を降りることはない。しかもその定年さえ明確でないとすれば、この矛盾はさらに深刻となるであろう。

他党のように党首が公選され、かつ国会議員が指導部の中心を占める場合には、組織の閉鎖性はそれほど問題とならない。国会議員は市民に近い存在であり、議員を通して一般の意見が反映されるからである。そして国会議員が落選ないし引退すれば、指導部は自動的に変わることになる。また党首選挙の際に、選挙に参加する党員を通して民意が反映されることも重要である。

除名問題

以上のような要因が複合的に絡まって、現在の共産党に対する国民のマイナスイメージが生み出されていると言ってよい。このイメージをさらに悪化させたのが、最近の松竹信幸氏と鈴木元氏に対する除名処分（2023年2月〜3月）である。除名の理由は党首公選を党に「打撃的な形で」主張したことによるというが、二人の主張の背景には、選挙に負けても責任を取らず、長期にわたり委員長職に留まる現委員長の問題がある。

言うまでもなく、これは個人の資質の問題ではない。しかし選挙の敗北の責任を取ることや指導部の任期に限度があることは、民主主義社会における政党の必須の条件である。選挙の敗北の責任を取らないことは、民意を尊重しないことを意味するからである。この点を指摘した党員を排除した共産党を、国民は民主主義社会における政治的常識を否定したものと理解したのであろう、直後の地方選挙で共産党は惨敗する結果となった。

なお除名を正当化する根拠として、共産党は憲法に保障された「結社の自由」を挙げているが、政党が権力を志向する**半公共的組織**であることを考えるならば、この根拠づけは逆に、国民に警戒心を抱かせることになるであろう。共産党が政権に加わった時に、同党の組織運営のあり方が国政に反映する危険があると国民は思うからである。政党はその組織運営において、市民社会の良質の文化（多様性や寛容）を反映する必要がある。情報公開や組織運営の透明性が求められる現代社会においては、この点は特に重視されねばならない。

この問題に関してある意味で最も重要なのは、党の決定を一般の市民がいかに受け止めるかという点についての配慮である。反社会的な行為であれば論外であるが、組織の運営に関わる異論への対応（除名）が、世間の注目を浴びることは明らかである。国民の支持によって成り立つ民主主義社会における政党には、決定が正しいか否かという問題とは別に、この点での十分な配慮が求められるのである。このような配慮を欠くことは、独善的であるという国民の評価を招くことになるからである。

本稿では党の活動力を低下させている、高齢化問題について特に取り上げなかったが、この問題はこれまでに述べた、組織の閉鎖性や権威的性格と密接に結びついている。組織の現在のあり方を改革しない限り、組織による縛りを嫌う若者層を取り込むことは難しい。高齢化問題と組織のあり方の問題は不可分の関係なのである。

最後に以上の点をふまえて、結論的なことを簡単にまとめるならば、以下のようになるであろう。**共産党がこれからの時代を生き延びていくには、日本の市民社会の成**

熟傾向を受け止め、社会民主主義的な国民政党としての性格を明確に打ち出すこと、またそのために党名の変更含め組織内での実質的に自由な議論の保障をはじめ、大胆な組織改革が求められている。そのことが党の発展につながると同時に、持続的で安定した野党共闘を保障し、日本の政治的変革の条件となるからである。

3　市民運動の背景と可能性

以上論じてきたように、それぞれの政党の性格や抱える課題のため、現状においては野党間での安定した協力関係を築くことは難しい状況がある。しかし安保法制時からの野党協力の起爆剤になったのは、市民連合など市民運動の力によるところが大きい。市民社会の成熟に基づくこのような動きが、政治に大きなインパクトを与えることが期待される。そこで最後に野党共闘に大きな役割を果たした、市民連合などの市民運動について取り上げることとする。

政党間の協力に市民運動が主導的な役割を果たすことは、戦後の日本の歴史においてなかった出来事であり、その意味は非常に大きいものがある。そこで現在における市民運動の意義と可能性について分析しておこう。

政治的協力関係が政党同士に限られる場合には、各政党の利害が優先し、安定性を欠くことになりやすい。各政党の最大の関心事は、自党の勢力拡大だからである。そのため、政党の「エゴ」を抑え、共通の課題を持続的に追求するには、政党組織の利害とは距離を置いた、市民組織など第三者の介在が必要になる。

現実にこの間の野党共闘は、安保法制の反対運動を闘った市民運動（安保法制の廃棄と立憲主義の回復を求める市民連合）の呼びかけ（「野党は共闘」）によって始まったものであり、２０２１年の総選挙における15の共通政策も、市民連合の提案を基にするものであった。国政の主要課題について市民が提案し、各党に合意を求めることは、市民が政治の表舞台において主役を演じることを意味しており、その意義は非常に大きいものがある。

ここでは市民運動の性格と背景について論じることとするが、まず取り上げるべきは、現在の市民運動とこれまでの階級闘争の一環としての社会運動（平和運動、農民運動、女性解放闘争など）との違いである。後者の社会運動は階級闘争に従属するため、運動と組織の独立性は限定されたものであった。かつて原水協が「社会主義国」

ソ連の核実験を、防衛的なものとして擁護したことなどは、平和運動の階級闘争（体制選択）への従属を示すよい例であった。一般に労働運動をはじめとする社会運動は、左派に限らず政党の系列に属すのが通例である。

それに対して現代における市民運動は、市民連合に典型的なように、国の政治のあり方全体に関わって生じるものではあるが、体制変革を目的とする従来型社会運動とは異なっている。そのため政党によって指導されるものではなく、政党とは独立した存在であるところに重要な特徴がある。

この点はＳＥＡＬＤｓ（自由と民主主義のための学生緊急行動）のような学生運動についても当てはまる。それだけに無党派層など、多くの市民を結集させることが可能なのである。

また運動の課題について見ると、従来型の住民運動とも異なる点が多い。住民運動は公害や環境問題など地域独自の課題に関わる傾向が強い。それ故、運動の性格は行政権力への抵抗という側面が強く、そのため課題の解決によって運動が収束するのが一般的である。

もちろん住民運動と市民運動の両者は、截然と区別されるものではなく、住民運動的要素が全国的市民運動を補完し、支えることもある。沖縄における基地反対闘争は、その典型と言うことができるであろう。沖縄における保守勢力をも含めた共闘は、沖縄における戦争体験と米軍基地問題を抜きに語ることはできない。また市民連合が各種の選挙で成果を上げた新潟県においても、地域の原発問題や農業問題が大きなテーマとなり、それが市民運動の活性化につながったと見ることができる。この点は『市民政治の育て方』（佐々木寛、大月書店）に詳しい。

逆に住民運動的要素を欠いた市民運動は、取り組むテーマの大きさ故に、運動の持続性が保たれない可能性が高い。また市民連合は政党組織とは異なり、独自の財政基盤やスタッフを持たず、関係者個人の努力に依存するため、運動の持続性に欠けるという弱点を抱えている。

にもかかわらず、市民運動が今後の日本の政治に大きな影響を与える可能性は高い。その大きな背景として挙げるべきは、日本社会の変動とそれに規定された政治状況の変化である。かつての日本人は市民個人としてよりも、みずからが所属する業界や団体の一員として、その利益を実現する立場で政治に関わってきた。これに応えてきたのが、自民党の利益誘導型政治である。特に日本においては、終身雇用を柱とする日本型企業主義とそれが生み出した会社人間、さらにこれを支える性別役割分業などが、個人としての市民の成立をはばんできた。

しかしバブル崩壊後の日本型企業主義の解体、またその後の非正規雇用の増大や、新自由主義的農業政策による小規模農業の解体などにより、従来型利益誘導政治の基盤が崩れ、業界の一員としての「個人」が自立を迫られることとなった。現在では、労働組合＝革新系野党、農協＝自民党という図式は成り立たず、無党派層が有権者の過半数を占めるようになっている。また各政党の党員が減少しているのも、このような変化の現れと見ることができる。なおこのような変化を生む上で、小泉政権による構造改革路線が大きな役割を果たしたことを付け加えておく。

市民連合成立の背景には以上のような日本社会の変化があるが、政党組織の基盤の脆弱化は、必然的に市民運動の政治的比重を高めることになる。野党連合だけでなく、市民運動に注目すべき理由がこの点にある。このことは政党と従来の支持団体との関係の見直しを迫ることになる。労働運動では、立憲民主党は連合を支持母体としてきたが、すでに述べたように、もはやこのような関係は、党の勢力強化に役立たないばかりか方針の右傾化をもたらし、野党共闘の阻害要因になる。現実に連合は自民党への接近を強めている。

しかし市民運動の一過性的性格や組織性の欠如は、社会変革の持続的勢力としての評価を難しくさせている。また参加者は比較的生活が安定した中間層が多く、最も政治の力を必要としている生活困難層の参加を欠く傾向がある。これらの課題は政党との関係で補完されるべき弱点であろう。いずれにしろ市民運動の役割はかつてないほど、その重要性を増していることは間違いない。野党共闘の接合役に止まらない役割が期待されるところである。

第3章

時代に応える組織と運動

―経営組織論から学ぶもの―

1　成熟社会と組織改革

右派の台頭と戦後革新の現在

自公政権による新自由主義的政策の結果、日本の貧困と格差の拡大はかつてない域にまで達しており、その結果、国民的分断が深まっている。「上級国民」「下級国民」といった言葉の存在が、そのような日本の現実を表している。

また安倍晋三元首相による「戦後レジームからの脱却」路線は、憲法解釈の変更によって集団的自衛権を容認することにより、日本の国是である平和主義を否定したが、現在の岸田政権においても、中国の「脅威」などを理由に防衛費の倍増計画が進んでいる。また憲法体制の見直しを掲げる、右派改革政党の「維新の会」が台頭しているが、彼らは自民党政治を補完しながら、日本の政治の右傾化に貢献している。

一方、このような傾向と対峙し、戦後の平和と民主主義の伝統を継承すべき野党勢力はどうであろうか。国民の期待を裏切った民主党政権の失敗もあり、民主党系列の野党は、その後、離合集散を繰り返した。２０２０年に発足した現在の立憲民主党は、自公政権に代わる有力な野党として名乗りを上げているが、その基本的性格と政治的立ち位置は必ずしも明確とは言えない。また左派勢力の社民党は国会両院でわずか数名の議員を要する勢力へと後退し、共産党もこの間の国政選挙や地方選挙で、得票と議員数を大きく減らしている状況である。

このような政治状況に至った原因を歴史的にとらえるならば、ソ連体制崩壊による社会主義の権威の失墜、ゼロ成長下における厳しい経済環境など国際的要因を含めさまざまであるが、その一つに、戦後の革新勢力が時代の変化に立ち遅れ、自己改革を怠ったことによって、多くの国民の期待に応えられなかったことがある。本章ではこのような問題意識から組織問題に焦点を絞り、共産党を中心とした革新組織と革新運動が今後活性化し、真に国民多数の期待に応えるためにどのような組織改革が求められているのか、この点を経営学や経営組織論の知見にも学びながら、追究することとする。

ところでなぜ政党にとって、組織のあり方が重要なのであろうか。その理由は以下の点にある。政治組織のあり方は、一般の組織とは異なった性格を有している。というのは、政党は市民社会的組織であるが、国家権力をめざす点で、市民社会と国家とを媒介する**準公的な組織**であり、その点で、私的性格が尊重される他の市民社会的諸組織とは決定的に異なっているからである。それだけに政党組織のあり方、組織内民主主義のあり方が厳しく問われることになる。**仮に政策内容がリベラルであっても、組織運営が民主的に行われていなければ、国民はそのような政党に政権を託す気にはならないであろう。**

以上のような問題意識の背景には、革新勢力が組織や運動の面で自己革新を行い、時代にふさわしい組織論と運動論を確立するならば、再び活性化し、日本の将来に大きな影響力を行使できる、というわたしの個人的確信がある。というのは、すでに述べた日本の政治の右傾化は軽視すべきではないが、必ずしも市民社会の実態を反映しているとは言えず、むしろ戦後の日本の市民社会はマクロ的に見れば、「まえがき」でも述べたように、平和主義や人権感覚、民主主義意識の点で、成熟の度を深めていると考えられるからである。

市民社会の成熟

以上の事実は、政治の世界と市民社会との間に大きなズレがあることを示している。

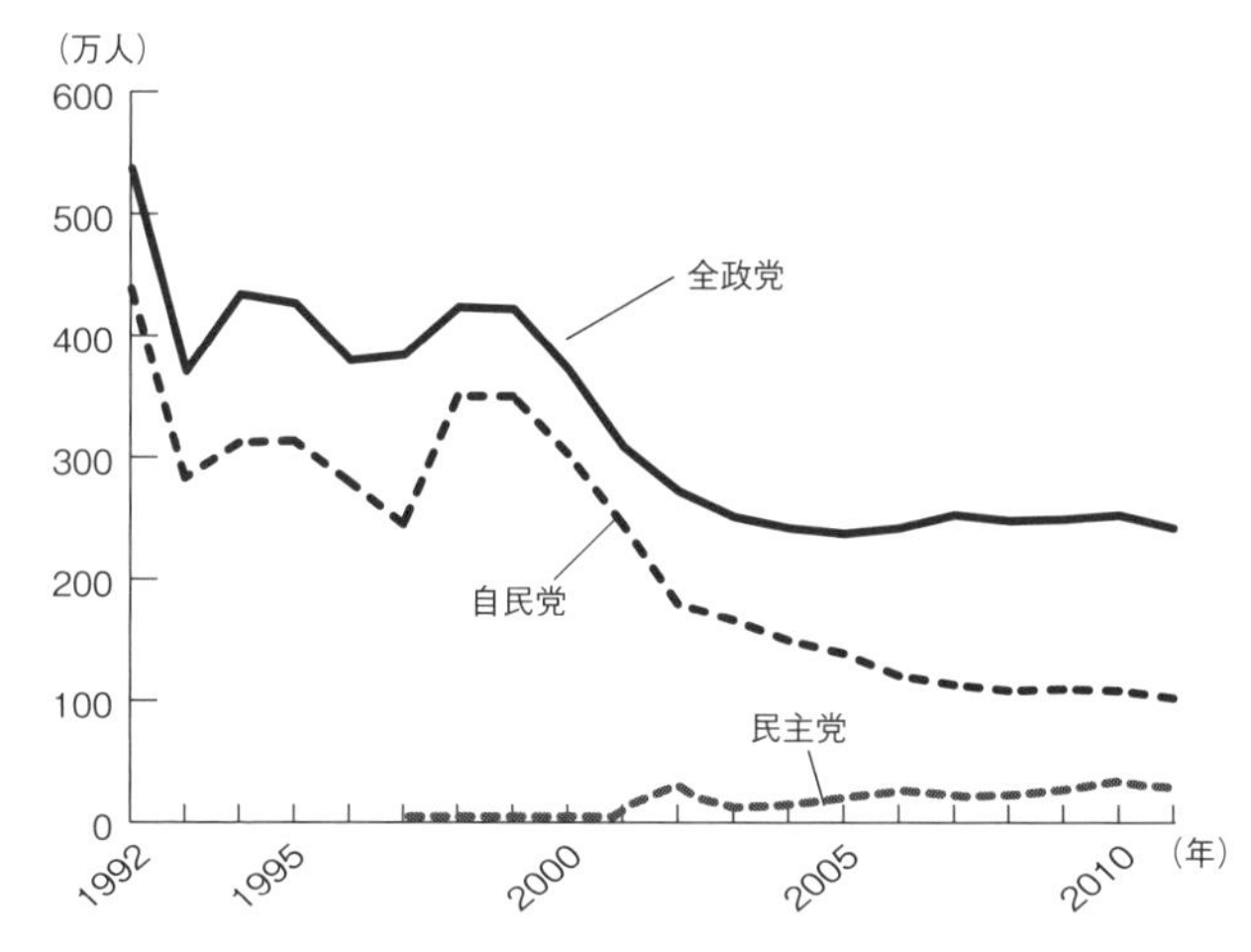

図１　党員数の変化

注）自民党の党友、社会党の協力党員、新進党の賛助党員、民主党のサポーターを含む。
出所）中北浩爾『現代日本の政党デモクラシー』岩波新書、2012年。

そのズレは、政治社会から市民や市民社会が自立しつつあることによって生じたものであるが、その背景にあるのは、成長本位、組織中心の価値観からの人々の脱却であり、市民社会における自立的な判断主体形成の傾向である。このような傾向をもたらした要因は、経済のゼロ成長化に伴う利益誘導型政治と自民党による一党支配体制の終焉にある、と考えてよい。業界や組合の集票組織としての役割が低下し、政党が市民社会の中に有していた組織的支持基盤は脆弱化したのである。そのことは図１にあるように、すべての政党を通して党員が減少したという事実として現れている。

この傾向とは逆に、政治意識の高い無党派層が拡大したが、彼らの意識を支配するのは人権感覚や参加意識であり、成長よりもみずからの生活や環境を重視する意識である。福島の原発事故などをキッカケとした反原発の大きな流れを作ったのは、このような市民の考え方の変化であるが、それは社会的諸矛盾を市民社会的アソシエーション（ＮＰＯなど）によって、みずから解決していこうとする傾向として現れている。

このような傾向は、国家セクター（第一セクター）や市場セクター（第二セクター）に対して、非営利の第三セクターが、その比重を増していることと関係している。その意味で、国家や政治家依存の「おまかせ民主主義」あるいは「観客民主主義」は、過去のものになりつつあると考えてよい。なおそのために社会の情報化が果たした役割は大きい。

ところでこのような時代の変化の背景には、経済、政治、文化などの各レベルで、国家中心の政策がさまざまな矛盾を来たし、社会の現実にそぐわなくなっているという事実がある。Ｊ・ハーバーマスは社会国家化した現代国家の福祉や教育などにおける管理主義を批判し、コミュニケーションによる公共空間の復権を説いたが、このような主張がリアリティを増しつつある。日本でも「新しい公共」といった概念が現れたことは、この点と関係していると考えてよい。

市民社会力の強化の傾向は、地域における自立の要求などとして、各レベルで現れているが、地方分権改革の影響もあり、近年においてその典型として挙げることができるのは、地域の特色を生かしたまちづくりの運動である。それは経済、福祉、文化、環境など実に多岐に渡っている。もともと国家は、地域の具体的課題に対応するには、大きすぎて不効率であり、地域市民社会の力を借りざるを得ないのである。

中でもエネルギー改革を軸とするまちづくりは、国家と地域との関係の変化を求めている点で興味深い。原発は巨大な資本と国家の支援がなければ可能とならないのに対して、小規模のエネルギー供給は地域の力によって可能である。事実、各地でエネルギーの地産・地消化（太陽光発電や風力発電など）が進んでいる。これはエネルギーコストの削減によって、日本経済の活性化に貢献する道でもあるが、これをさらに前進させるには、エネルギー政策の地方分権化（発送電分離などの規制緩和を条件とする）と住民参加、それも事業リスクを伴った責任ある参加が必要である。このような傾向の進展が、市民社会の成熟の内実をなしている。

歴史的視点に立つならば、このような傾向はマルクスが描いた共産主義の究極的課題、すなわち国家的諸機能の市民社会への再吸収の先駆的実践として位置づけることができる。われわれはこのような実践を他の分野においても追求すべきであろう。それは教育について見れば、もともと市民社会的業務（たとえば明治初期の京都の番組小学校）であった教育を、再び地域が取り戻すことを意味している。なおそのことには、国家に都合の良い教育（たとえば歪んだ愛国心教育）を防ぐ意義があることを確認しておきたい。

成熟社会の座標軸

ところで重要なことは、このような市民社会の成熟傾向が、従来型左翼の発想の転換を求めているという点である。この問題を図2の座標軸を参考に考えてみよう。成熟社会では**政治的な左右の対立（ヨコ軸）**だけでなく、**国家と市民社会の関係（タテ軸）が重要な意味を担うようになる。**行政における住民自治の具体化や、すでに述べたまちづくりへの参加が問われるのは、タテ軸においてである。従来の左翼は、もっぱら社会主義権力の樹立に課題を収斂させたため、このタテ軸に対する問題意識が弱かった。もちろん貧困・格差の拡大など富の再分配をめぐる問題は、ヨコ軸に属する課題であり、この課題が市民社会の成熟を左右する点で、重視されるべきであること、また外交関係の方向性や憲法をはじめ、国の基本的姿を決める上で国家権力のあり方が重要であることは、言うまでもない。

しかし国家による社会政策を有効に展開する上でも、市民社会組織の役割が大きいことを確認しておく必要がある。国家中心の福祉政策は、不効率であるだけでなく、管理主義に堕す傾向があるからである。そもそも市民社会的ネットワークに媒介されなければ、貧困問題だけでなく引きこもりなど、多くの社会的矛盾と向き合うことさえ難しいであろう。貧困はたんなる経済だけではなく、人間関係の問題も含むからである。

加えて、富の分配に関しては、国家による再分

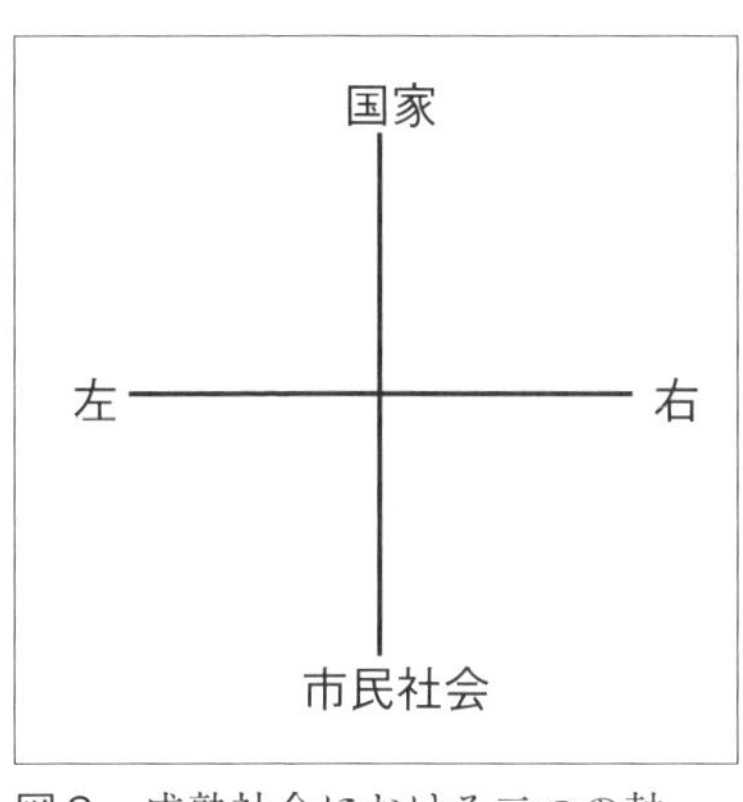

図2　成熟社会における二つの軸

配以前に、市民社会レベルでの分配問題、すなわち労使間の労働分配率や、正規と非正規の労働者間における分配の格差や男女間の分配の格差（ジェンダー問題）の是正が重要であることも、確認しておかなければならない。

ところでヨコ軸を支配するのは、「どのような勢力が権力を握り、支配するか」という問題意識であるが、一方、タテ軸を支配する問題意識は、「誰がどのように統治するのか、市民社会はどの程度まで、公的業務を担うべきか」という問題意識である。実は後者の問題意識は、前者の問題意識（ヨコの対立軸）にも深く影響している。というのは右より政治現象は、孤立した個人の政治に対する不信をバネに生じる傾向があるが、政治的決定が一部の専門家・特権層によってではなく、多くの市民が参加することによって、また公的業務に多くの市民が関与することによって、市民が政治的業務の当事者になれば、政治不信を理由とした右派ポピュリズム台頭の条件が失われることになるからである。このことは市民社会的諸力の拡大（タテ軸の変化）が、右翼的ポピュリズムの抑止力になること、すなわち左右の勢力関係を変えることを意味している。

この点は近年の社会関係資本の研究が、傍証するところでもある。アメリカの政治学者・R・パットナムによれば、市民間の相互の信頼関係を表す社会関係資本（Social Capital）の豊かな地域は、民主主義がよく機能するという。また付け加えて言えば、社会関係資本の影響は、人々の健康や教育などに幅広く現れることが、最近の研究において明らかになっている。

新たな組織論・運動論の要請

このような時代には、上意下達的な動員型運動論は通用しない。人々はみずからの自律的判断に基づいて、政治的選択を行うようになるからであり、参加や討論（熟議）の過程で、人々の価値観の多様性を尊重することを学ぶからである。そのため当然のことながら、人々はみずからの生き方や自由が制約される組織（特に特定の教条やイデオロギーに支配された教団や政党）との関わりに慎重になる。たとえば創価学会の近年における信者の減少は、よく知られているところである。

この点と関わって、宗教学者の島田裕巳氏はかつて、創価学会の現状を分析しながら、面白い考察をしていた。個人化が進む現代社会では創価学会の賞味期限は切れかかっている。しかし、創価学会が日本社会の中で大きな力を持っているように見えてしまうのは、他の集団や組織がそれ以上に形骸化、弱体化しているからであるという。ところで島田氏は、創価学会が現在の危機を乗り越え、成熟した宗教団体として社会的な責任を果たそうとするなら、国民全体に受け入れられる組織を作ることしかない、と結論づけている。

この点は言うまでもなく、革新的政党組織についてより強く当てはまることである。なお組織革新の課題が重要であるのは、当然のことながら、政党組織の役割が相変わらず重要だからである。この点を以下において改めて確認しておこう。高度化した現代社会では、社会的目的を達成するには組織を作り、組織を通して行う以外ない。議会制民主主義が政党に媒介されて、初めて機能すること、すなわち民主主義が政党組織抜きには考えられないことを考えるならば、政治的世界における政党の重要性が分かるであろう。また政治が国民国家を単位としており、その基本的課題が最終的に国家に収斂される現状では、個別課題に限定された市民運動、住民運動は一過性的で限界がある。その意味で、全国的で持続的な組織としての政党の役割が相変わらず大きいことは、疑いのない事実である。それだけに市民社会の成熟に応じた、政党の組織的成熟が求められるわけである。

2　経営組織論から何を学ぶか

成熟した組織論、運動論のために

現代は組織化社会であるが、そのことが組織の研究を逆に遅らせてきた。組織は社会生活を営む者には、いわば空気のような存在として、対自化しにくい存在だからである。経営学者のＤ・マクレガーは、今日のアメリカの生活水準、教育水準、技術の進歩が、組織のあり方に大きな影響を与えているにもかかわらず、古典的組織論はこの点を無視していると述べている。しかも彼がこのことを強調したのは、半世紀以上前の話である。それ以降、情報化やグローバル化の進展、市民社会の成熟など、組織を取り巻く環境がさらに大きく変わったことは説明を要しない。

ところで組織論が、社会学や政治学では官僚制の問題として論じられてきたことは周知の通りであるが、近年では、経営学の重要な研究テーマ（経営管理論、経営組織論）となっている。時代に即応した組織の確立は、企業の存続に関わるからである。経営組織論は主に企業を対象とした研究であるが、組織一般がこの研究から学ぶ点は大きい。企業はその性格上、環境（市場）への機敏な反応が最も問われる組織だからであり、しかも組織の環境への適応は簡単な作業ではないからである。もともと組織が環境の変化に自動的に適応可能であれば、組織論など必要ないであろう。

現実には組織は固有の法則に支配されており、いったん成立すると、組織自体の維持、拡大などが自己目的化することによって、本来の目的が忘れられるだけでなく、環境の変化に立ち遅れることにより、さまざまな矛盾を生み出す傾向がある。行政組織で言えば「省益あって国益なし」というのが、そのよい例である。特に組織が肥大化すればするほど、その傾向は強くなる。

この点は企業のような営利組織から、宗教団体のような組織まで、組織の目的や性格は異なっても、共通の傾向と考えてよい。しかし社会や個人の成熟とともに、組織が変わらざるを得ないのも事実である。働く者の権利や自然環境への配慮を無視した企業が、長い目で見れば生き残っていけないように、組織も社会の成熟に歩調を合わせていかざるを得ない。近年、企業はコンプライアンスやCSR（企業の社会的責任）、ステークホルダー（利害関係者）論などにあるように、社会的責任の自覚がみずからの存続にとって、決定的に重要であることを理解し始めているのは、そのような理由からである。

自己革新型組織への脱皮

組織改革のキーワードは、自己革新型組織の構築である。現代は変化の激しい時代であり、その変化に対応できない組織はやがてこの世界から退場を迫られることになる。そうならないためにまず求められるのが、時代の変化に応じて、そのアイデンティティに関わる部分を大事にしながらも、みずからを改革することである。企業はその点では分かりやすい。というのは、企業はその活動の結果が営業成績として明確に現れるからである。そのため企業には市場の動向に応じて変化できるか否か、すなわち市場のニーズに応じて新しい商品の開発ができるかどうか、またそれが可能な組織体制であるかどうかのチェックが、つねに求められることになる。必要であれば、企業は民主主義（参加）を組織の中に取り入れることを躊躇しない。民主的参加は従業員の組織への帰属心と当事者意識を高めることにより、やる気を引き出すからである。

ところで企業と政党とは、その目的はともかく、経済市場と政治市場という異なる

政治市場	政党――政策――選挙民
	‖　　‖　　‖
経済市場	企業――商品――消費者

図3　政党と企業のアナロジー

場においてではあるが、似たような関係にあることに注意しなければならない。かつてJ・シュムペーターは、政党と企業とを図3のような関係においてアナロジカルにとらえた。その後、合理的選択論の立場から、A・ダウンズが競争的政党民主制をとらえなおした。その前提となる人間像は、自己利益の最大化をめざして合理的に選択する存在である。

このような図式が一面的であること、またすでに述べたように、参加をキーワードとする成熟社会における政治のあるべき姿と異なることは言うまでもない。この点はカナダの政治学者のC・B・マクファーソンが、均衡的民主主義（参加民主主義に対する）批判で論じたところである。さらに現実の政治が、そのような形で機能しているのか（マニフェスト選挙が一時ブームになったが）という問題もある。

しかし政策を媒介とした選挙民と政党との契約モデルは、A・O・ハーシュマンが述べた政治における離脱原理（参加原理に対する）の現実化でもあり、固定支持層の減少と無党派層の拡大が、このようなモデルのリアリティを高めていることも事実である。この点に、政党が企業活動から学ばなければならない理由がある。

政党組織の構造力学

ところで市場の動向は、トップよりも組織のボトムに位置する従業員の方がよく把握しているものである。そのことは戦況について、中央の司令部よりも前線の兵隊や現地の司令官の方が、よりよく把握しているのと同様である。この事実は現実に近い下部のメンバーの情報を効率よく吸い上げる、組織のボトムアップ機能が重要であることを意味している。企業においてネットワーク型組織や事業部制が追求されるのは、この点と関係している。もちろん特に改革期においては、リーダーによるトップダウンが重要であることも否定できないが。

一般の組織は、特に行政組織はその典型であるが、企業に比べ環境適応に熱心ではない。その理由は言うまでもなく、環境適応を怠っても組織が簡単に消滅することがないからである。ところで政党組織の場合はどうであろうか。政党も同様に、政治市場の変化、選挙民の意識に敏感でなければならないはずである。しかしこのような環境適応をはばむ、組織の構造的力学が存在することに注意しなければならない。具体的に言えば、それは独自の論理によって支配される官僚制の矛盾である。第4章で論じるように、現代の組織において官僚制を否定することはできないが、変化の激しい時代には、官僚制の負の側面に対する注意が必要なのである。

政党組織の二重構造

自己革新型組織のあり方を考える際にふまえておくべきは、政党と企業との組織構成上の重要な違いである。企業は労使や職階の違いがあるとはいえ、構成員はその生活の基本的な部分を企業に関わって生活している。一方、政党の場合、専従幹部や議員はその生活を組織に大きく依存しているが、一般党員はそれぞれが独自に職業生活を営んでおり、活動への参加は限定的である。ここに政党組織の二重構造がある。その点では政党は、聖職者と一般信徒からなる宗教団体に似ていると言ってよい。この点にこそ、かつてR・ミヘルスがドイツ社会民主党を例に分析したように、**組織内専従幹部の個別的利害の発生と組織内民主主義の形式化、またそれに基づく寡頭制支配**

など、さまざまな矛盾を生み出す要因がある。この矛盾は専従者集団の、一般党員に対する割合が高くなればなるほど、大きくなると考えてよい。なおミヘルスの議論についいては、次章で詳しく説明する予定である。

この問題は組織固有の客観的な矛盾であり、人間性やイデオロギーの問題に解消することはできない（革新組織の専従者に人間的に優れた人物が多いことは事実であるが）。ミヘルスの分析に対して、ロシアの革命家・ブハーリンは社会主義による経済水準の向上によって、新しい階級成立の基盤（少数者支配）はなくなり、また文化水準の高まりによって、少数者支配の根拠となる大衆の能力不足もなくなると反論していたが、その後のソ連の歴史を見れば、それがいかに楽観的な見解であったかが分かるであろう。

したがって自己革新型組織を構築する上でまず求められるのは、このような組織の抱える矛盾を冷静に見つめる科学的視点である。それが時代の変化に適応し、組織メンバー特に下部活動家の自由とやる気を重視する、成熟した組織づくりの出発点だからである。

最近の経営組織論から

自己革新型組織を構想する上で、経営組織論の近年の議論から、学ぶべき点をいくつか付け加えておこう。一つは「創造的組織革新論」である。これは複雑な環境に長期的に適応していくために、企業の内に矛盾する組織特性を併存させ、経営戦略形成の際に、状況に応じて両者をうまく使い分けるやり方である。経営学者の河合忠彦氏は、この方法を「創発的戦略形成プロセス」と名づけ、このような組織を実現することを「戦略的組織革新」と呼んでいる。

企業組織の戦略形成はトップが戦略を立て、それを下位組織に下ろしていくプロセス（包括的戦略形成プロセス）が一般的であるが、これに対して、トップとは関係なく、下位組織が生き残っていくために必死の努力（戦略行動）を行い、その結果として、企業の進むべき方向が事後的、結果的に決まっていくやり方がある。特に市場環境が流動的で厳しい状態では、このような方法が効果を発揮する。なお後者の方法が機能するためには、下部の構成員が自律的に行動することが動機づけられていること、また上部の干渉や阻害要因がなく、それを許す企業風土や報酬システムなどが必要である。いずれにしろこれは、一定の戦略を前提とした、ボトムアップやトップダウンの組み合わせを超えた、より創造的な組織経営のあり方と見ることができる。

官僚的に編成された組織では、このような創発的戦略形成プロセスを欠いているのが常態であろう。その結果、現実対応が遅れ、組織の衰退を早めることになる。企業に限らずどのような組織であれ、現実に有効に対応するためには、一見矛盾する要素や戦略プロセス（中央集権制と分権制、包括的戦略形成プロセスと創発的戦略形成プロセスなど）を組み合わせ、活用させることが求められている。これは政党組織でいえば、一定の限度内での派閥・分派の容認につながる考え方である。

もう一つの議論は、Ｍ・フォレットの「共生経営論」である。フォレットは一〇〇年程前に活躍したアメリカの女性経営学者であるが、対立を重視し、対立と統合によるいわば弁証法的展開を重視する彼女の経営論は、近年、一部の経営学者の間で再評価が進んでいる。

議論と異論の重視

いったん成立した組織とその文化が容易に変わらないことは、組織の現実対応をはばむ最大の要因である。経営学はこれを「組織慣性」という概念によって説明しているが、そのような傾向を生む理由の一つに、政治的とでも言うべき制約がある。それは新しい分野への進出は、組織内資源の再配分を伴うため、既存の部門の抵抗が生じるからである。それにもともと人は変化を嫌うという性質もある。しかしこのような組織の傾向や人間の保守的性格を打破しなければ、時代の変化に即応した成熟した組織づくりは可能とならないであろう。

組織は変わりにくいとしても、組織改革の手始めとして、その気になれば比較的容易にできることがある。それは自由な議論を重視すること、特に少数意見や異論を尊重することである。自由で個性的な発言や行動が、組織の中でどれだけ許されるか、またそのような組織文化をどれだけ形成できるかが、市民社会の成熟を反映した組織改革の第一歩になる。もちろん政治組織の性格上、議論の幅におのずから制限があることは言うまでもない。しかし現代のように不透明で複雑な時代においては、いかなる組織であろうとも、組織内に異論が存在しないということはありえない。逆に、異論がないことは、現実を正確にふまえていないと言うこともできる。

P・F・ドラッカーは経営学的観点から、企業の意思決定における第一の原則として、**「意見の対立を見ないときには決定を行わないこと」**を上げている。その理由は意見の対立を促すことによって、不完全で間違った意見によってだまされることを防ぐためである、という。安易な全員一致の決定ほど無内容で、危ういものであることを経営学者はよく知っているのである。特に同調圧力の強い日本においては、この点への注意が重要である。

安易な全員一致は、組織の求心力を弱めることになる。そのような慣行が支配する組織が、所期の目的を達成することは難しい。人々は討論を通した参加によって、当事者意識と活動の動機を獲得するものであるが、それが欠けているからである。マクレガーは目標が達成されにくく、うまく機能していない集団の特徴をいくつか挙げている。それは大変興味のあるものなので、以下に列挙しておこう。

「少数の人間が議論を牛耳ろうとする」「リーダーシップは明らかに委員会の議長がにぎっている」「アイデアは無視される」「意見の不一致をうまく処理できない」「個人的な感情を公に発散させないで、内に秘める」。ところでこのような現象が現れる最大の理由は「相克や敵意を一般に恐れるからである」という。彼はこの種の集団の方が圧倒的に多いと考えているが、その理由は集団をうまく動かすためにどんなことが重要であるかが、ほとんど分かっていないから（わたしの言葉で言えば、組織論を欠いているから）であるという。

自由主義原理の再確認

異論の存在は、討論継続のための重要な条件であるが、権威主義的文化が支配する組織では、既定の方針からの偏差を極小化する力が必要以上に働くため、組織構成員が異論を唱えることに大きな勇気が要る。したがって異論による討論を成立させるにはさらに条件が必要である。まず異論を尊重する、寛容な文化の存在が必要である。しかしこれだけでは不十分であろう。というのは、異論は認められるが、異論が組織の決定に影響を与えることはないからである。異論の容認は場合によっては、ガス抜きの手段になるであろう。それ故さらに別の条件が必要である。それは異論への同調者の存在である。

同調者の存在によって議論が活性化し、議論を反映した方針変更を含む実質的決定が、初めて可能となる。そう考えると、決定過程の民主化（現実を正確に反映する条件）だけでなく、メンバーが活動の十分な動機づけを得るためにも、以下の三つの条件が必要であることが分かる。すなわち、**①異論の存在、②異論を尊重する組織文化**

の存在、③同調者の存在、である。

しかし考えてみれば、民主主義は多数決による決定の原理であり、以上のような条件を、民主主義が必ずしも必須とするわけではない。討論なしでも民主主義は成立するからである。この問題の根本には、民主主義と議論との位相の違いがある。もともと討論は、自由主義的原理において成立する。この点は民主主義（決定）と議会主義（討論）が、その出自を異にすることが教えている。議会制民主主義とはその意味で、異質な概念を組み合わせたものであり、緊張関係にあることを確認する必要がある。

しかし冒頭で述べたように、自由主義的原理を尊重しない組織は、成熟した市民社会に受け容れられないことも事実なのである。このことは自由な議論（熟議）を尊重しない議会制民主主義が、形骸化することを意味している。したがって、自由主義的原理をどのようにして組織の中に制度的に組み入れて行くのか、このような科学的問題意識と、組織論的工夫の成否が政党組織の将来を決めることになるのである。

《参考文献》

碓井敏正・大西広編『成長国家から成熟社会へ――福祉国家論を超えて』花伝社、二〇一四年。

碓井敏正『革新の再生のために』文理閣、二〇一二年。

碓井敏正『成熟社会における人権、道徳、民主主義』文理閣、二〇一〇年。

J・ハーバーマス『コミュニケイション的行為の理論』（上・中・下）未來社、一九八五〜八七年。

R・パットナム『哲学する民主主義』NTT出版、二〇〇一年。

中北浩爾『現代日本の政党デモクラシー』岩波新書、二〇一二年。

島田裕巳『創価学会の実力』朝日新聞社、二〇〇六年。

A・O・ハーシュマン『離脱・発言・忠誠』ミネルヴァ書房、二〇〇五年。

D・マグレガー『企業の人間的側面』産能大出版部、一九八八年。

藻谷浩介他『里山資本主義』角川 one テーマ21、二〇一三年。

J・A・シュムペーター『資本主義・社会主義・民主主義』東洋経済新報社、一九九五年。

R・ミヘルス『現代民主主義における政党の社会学』木鐸社、一九九〇年。

C・バーナード『経営者の役割』ダイヤモンド社、一九五六年。

J・H・ボイエット、J・T・ボイエット『経営革命大全』日本経済新聞社、一九九九年。

桑田耕太郎・田尾雅夫『組織論』有斐閣アルマ、二〇一〇年。

A・シャフ『社会現象としての疎外』岩波書店、一九八四年。

P・F・ドラッカー『マネジメント』（上・中・下）ダイヤモンド社、二〇〇八年。

河合忠彦『戦略的組織革新』有斐閣、一九九六年。

第4章

組織と人間の問題

——革新組織再生の条件——

1　組織化社会

政党抜きの政治活動や企業抜きの経済活動が考えられないように、現代社会が組織によって成り立っていること、政治や経済だけでなく、教育や医療、市民活動など各領域の活動が、組織を通して行われていることは、誰もが認める事実である。その意味で、現代社会は組織化社会、しかも高度に組織化された社会であると言うことができる。しかし一方で、組織はさまざまな矛盾の源泉でもある。そのような組織の矛盾を、わたしはみずからが身を置いてきた大学を含めて概括的に論じたことがある[1]。本章では、組織の矛盾の分析をふまえ、組織が本来の役割を果たすために、何が求められているのか追究しようと思う。

組織を論じる前に、わたしなりに組織の簡単な定義を与えておこう。さまざまな見解をふまえるならば、「組織とはたんなる集団とは異なり、一定の目的を効率的に達成するために、複数の人間が形成する分業や管理を含む協働関係である」と規定することができる。本章の課題は、このような組織がなぜ本来の目的から逸脱するのか、また組織構成員の協働関係がなぜ疎外状態に陥るのかなどを分析し、これらの矛盾を最小限に抑えうる組織編制を構想することである。

ところで組織の矛盾はこれまで、もっぱら企業の問題、すなわち営利追求に関わって論じられてきた嫌いがある。その背景には、企業活動が社会活動の主要な領域であるという以外に、以下のような先入見ともいうべき「常識」がある。それは「組織が悪事を働くのは、営利を求めるからであり、したがって、営利を追求しない組織は悪事を働かないはずである」というものである。組織論の学問的研究の遅れは、組織の矛盾を企業の問題に限定してきた、このような「常識」から来ていると思われる。しかしこのような「常識」が正しくないことは、直接、営利を目的とせず公益性の高いはずの政治団体の腐敗、宗教組織の反社会的行為、医療機関や大学を含む教育機関の不祥事、それになによりも、法に忠実であるべき行政機関の不法行為などをみれば明らかである[(2)]。

これらの矛盾を見ると、**組織には営利の原理とは異なる、組織固有の矛盾が存在する**ことが分かる。その根本にあるのは、組織はいったん成立すると当初の目的を忘れ、組織自体の維持を自己目的化する傾向である。この点を考慮するならば、企業に限定されない組織論が、また企業倫理学を超えた組織倫理学とも呼ぶべき学問が求められていることが分かる。この課題は特に日本社会において重要な意味を有している。というのは、組織の暴走を抑制すべき個人の自由が制約され、集団や組織の個人に対する圧力が強く、同調圧力が働く日本のような国は少ないからである。この点は内部通報制度の実態が教えている。

ところでその重要性に比して、組織論の研究が遅れた経緯について、社会学者の富永健一氏は以下のように述べている。「……組織が近代産業社会の構造原理の一つであるという認識は二〇世紀前半のもので、だからそれを社会科学の歴史に位置づけると、分業と市場的交換に着目する視点（スミス）、私的所有に着目する視点（マルクス）、ゲマインシャフトの解体とゲゼルシャフトの形成に着目する視点（テンニェス）、分業の社会的機能に着目する視点（デュルケーム）などに比べると、遅かったといわなければならない[3]」。

加えて、わたしは**戦後の社会科学を支配してきたマルクス主義の正統派信仰**、すなわち「正しいイデオロギー」を信奉する政治勢力が、誤りを犯すはずはないという根拠のない思い込みが、組織論研究を遅らせてきたと考えている。

組織論におけるわたしの中心的問題意識は、革新組織のあり方にある。革新的政治勢力は、個人の自由や民主主義のために日本の後進性と闘うところにそのアイデンティティがあるにもかかわらず、組織の矛盾にとらわれている点では、他の組織と変わらないばかりか、逆にそのイデオロギー性のために、矛盾が倍化する傾向がある。日本の保守化が叫ばれる現在、革新政党はじめ革新組織の歴史的役割はますます重要となってきているが、残念ながら長期的に見れば、革新組織がその社会的影響力を次第に低下させていることは、周知の通りである。その原因の一つが、組織のあり方にあることを考えるならば、革新組織が本来の役割を果たすためには、組織の矛盾と正面から向き合い、現実の要請に応えうる、柔軟な組織体制へと脱皮することが急務となっている。これが本章におけるわたしの問題意識である。

2　ウェーバーからバーナードへ——近代と官僚制

組織の矛盾を論じる前にまず確認すべきは、組織化社会の歴史進歩的性格、すなわち近代化と組織化とは一体の関係にあるということ、組織化なくして近代化はあり得ないという事実である。そのことは同時に、資本主義の発展と組織化とが、同一の過程であることを教えている。資本主義の高度化は、合理的な経営の構築を条件とするが、合理的経営は一定のルールに基づく組織化抜きには考えられない。いかに優れた個人であろうと、大規模化した経営を個人の能力で管理することは不可能であり、したがって、組織の合理的経営は一定のルールに基づく支配によらざるを得ない。このような組織経営の秩序が官僚制である。

近代化を官僚制の一般化としてとらえたのは、言うまでもなく、M・ウェーバー（一八四六～一九二〇）である。彼は官僚制を政治、経済、さらには社会主義をも含め、近代社会の特質としてとらえた。また彼は官僚制を効率性、公平性にかなう支配のあり方として、伝統的支配やカリスマ的支配に対置させた。官僚制は特権の忌避や権利の平等を求める、大衆民主制の不可避的随伴現象なのである。またウェーバーは「……官僚制化と社会的平準化とは、それに立ちはだかる地方的および封建的特権の粉砕とあいまって、資本主義の利害に役立ったばあいがきわめて多く、しばしば資本主義の利害と直接むすんで遂行された」[4]と述べているが、資本主義の発展と、官僚制の発展とは同時並行的なのである。現在、官僚制や官僚の評判はすこぶる悪いが、組織形態としての官僚制の合理的性格は否定しがたく、いかなる組織編制も官僚制的要素を完全に排除することはできない。

社会主義の創始者たちは、権力を民衆の手に取り戻すべく、さまざまな統治形態を考えた。マルクスはパリ・コミューンに際して、民衆の自治こそ究極の統治であるととらえ（『フランスの内乱』）、またレーニンも官僚制の弊害を防ぐために、行政事務の民衆による交代制を構想した（『国家と革命』）。しかしこれらの考えが実現しなかったこと、それどころかソ連型社会主義体制において、醜悪な官僚支配が成立したことが、官僚制の強固さを示している。**したがって問題は、官僚制の合理性と限界を認識した上で、その長所を活かしながら、それを超える新たな組織形態を構築することなのである。**

ところで、ウェーバーは官僚制の特徴をおおよそ以下のように整理している。①職務上の義務を分配する規則の存在、②配分された義務を遂行する階層秩序の存在、③文書による業務の遂行（文書主義）、④専門化されたセクションの存在（専門主義）、⑤職員のフルタイム労働、などである。このような特徴を有する官僚制は、行政組織や私的大経営だけでなく、政党組織にも拡大する。ウェーバーは、全国的な選挙制度

（たとえば比例代表制）の影響などによって党組織が厳格になれば、党の官僚制化は不可避となり、地方名望家の支配を粉砕するであろうと述べている[5]。

しかし何事でも同じであるが、物事には必ず二つの側面がある。近代化において進歩的役割を果たした官僚制も、やがてその矛盾が顕在化する。その矛盾を追究したのが、社会学者のR・マートン（一九一〇〜二〇〇三）である。彼は制度の積極的側面を順機能、ネガティブな側面を逆機能と呼び、官僚制の逆機能として以下のような問題点を上げている[6]。それらは、①セクショナリズム、②形式主義、③権威主義、④繁文縟礼、などである。公正さを担保するために規則を重視することは重要であるが、同時にそのことが、規則にしばられ、新たな現実に対応しない形式主義に堕すことも否定できないのである。

特に政治学者の辻清明氏が分析したように、官僚制的権威主義が日本社会全体を規定していたという点を考えるならば、官僚制のネガティブな側面の認識は、特に日本では重要である[7]。

これらの官僚制の矛盾は、革新政党を含む政党組織にもほぼそのまま当てはまるわけであるが、この問題を社会主義政党の問題として分析したのが、R・ミヘルス（一八七六〜一九三六）である。革新組織のあり方をテーマとする本章にとって、以下に述べる彼の分析は非常に重要である。

3　ミヘルスの寡頭制論と革新組織

ミヘルスは二〇世紀初頭のドイツ社会民主党の党員として活動し、後に社会学者として、大衆化した革命政党の矛盾を分析した。古典的名著とも呼ぶべき『現代民主主義における政党の社会学』（一九一一年）は、ウェーバーとほぼ同時期に官僚制の矛盾を寡頭制（少数者支配）と関連させて論じた点で、特筆に価する著作である。彼が明らかにしたのは、体制変革をめざす社会主義政党といえども、政党の大規模化に伴う官僚化と、組織内少数者による支配の弊害を免れえないという事実である。ドイツ社会民主党を対象とした寡頭制の研究は、迫力のある現実分析にあふれている。

われわれにとって有益なのは、彼の問題意識が**政党の研究ではなく、政党組織の研究にあるという点である。**組織はいったん成立すると、その存続を自己目的化とするという傾向についてはすでに述べたが、国家と対峙するために巨大な組織となった社会主義政党も国家と同様、組織の拡大に伴い官僚制を強化することになる。その結果起こるのが、社会主義の理念と国際主義の喪失であり、専門主義や出世主義の横行、党員の個性の消失である[8]。

組織の維持という現実的利害は、理論に優先する。革命理論は「組織の安否にかかわるときには、必要とあればいつでも軟弱化され、偽造化される。組織が唯一の生命線となる[9]」。革命理論に対する組織の論理の優先、この点こそミヘルスの問題意識の原点なのである。

さて**政党組織の官僚化は、組織内少数派による寡頭的支配とその構造化に導く**が、この傾向はすべての政治的支配を貫く法則である。「**職業的指導者層の形成の始まりは民主主義の終焉の始まりを意味する**」というのが、ミヘルス寡頭制論の核心である。少数者が多数者を支配するのは政治の本質であり、「人類の多数者が自治することはとこしえに不可能であり、おそらくはまたそうする能力がないであろう[10]」。大衆が支配階級から権力を奪取した場合でも、大衆の中に支配階級の役割を果たす新たに組織された少数者が必然的に生じることになる。したがって、多数者支配が実現することはないとミヘルスは結論する。

このような寡頭制支配に対する認識を欠いていたところに、マルクス主義の陥穽がある。マルクス主義は経済学や歴史哲学を有してはいるが、このような政治の冷徹な現実に対する認識を欠いていた。寡頭制支配は決して唯物史観とは矛盾せず、その中で生き残るというミヘルスの指摘は重要であり、組織論研究の独自の意義をわれわれに教えている。特に、労働者階級の前衛という位置づけがあるため、マルクス主義政党には少数者支配のＤＮＡが組織内にビルトインされているだけに、余計にこの点は注意されねばならない。

ミヘルスの分析は、党幹部と党員、さらには階級との亀裂におよぶ。党は党員全体と一体ではないし、まして階級とも一体でない。「党がそれ自体の独自の目的と利益をもった自己目的となるならば、党は目的論的に言って、みずからが代表する階級から分離するようになる」[11]。ミヘルスによれば、分業によって生じた集団が階級や一般党員とは異なる独自の自己関心、自己利害を生み出すのは、永遠の社会学的法則なのである。それだけでなく**「党幹部は自分を党全体と同一視し、自分の利害を党の利益と完全に同一視する」**[12]。しかもそのような思い込みは、皮肉にも腐敗した国家官僚とは異なり、みずからの清廉さと有能さに対する信念によって強化される、というのである。

分業の発生が階級分裂と支配をもたらすというのは、マルクス主義の基本テーゼであるが、この認識を革命的政党組織にも適用したところにミヘルスの優れた洞察がある。このように彼は組織を支配する冷厳な法則を、社会主義政党の現実の内に見出したのである。

しかし彼の議論が、時代の制約を受けていたことも否定できない。ミヘルスの寡頭制の理解は、大衆の未熟さを前提としている。大衆の未熟さは大衆の本質から生まれ、永遠のものであるとするペシミスティックな彼の大衆論を、われわれはそのまま受け入れることはできない。当時と現代とでは、大衆の教育水準、意識水準が大きく異なっているからである。すでに述べたように、現代市民社会は成熟過程にあるが、われわれは多数派の意思が組織運営に反映される、成熟社会にふさわしい新しい革新型組織のあり方を展望すべきであるし、またそれは可能であると考える[13]。

また少数派の支配は、大規模組織においては避けがたい必然であるとしても、少数者の特権を合理化しない組織形態を追求することは可能である。この点が本章の目的であるが、その内容については最後に論じることとする。しかしそのためにもまず、ミヘルスの冷徹な分析を正面から受け止めることが求められているのである。

4　バーナード経営組織論から学ぶ

革命政党をも支配する組織の矛盾を乗り越えるために、何が求められているのであろうか。この問題を考える際に参考になるのが、企業の実践である。政治組織が企業経営から学ぶものは大きい、というのがわたしの持論であるが、経営組織論は革新組織の今後を考える上で、多くのヒントを提供してくれる。

もちろん、企業も官僚制の弊害を免れることはできないし、多くの企業が現実の変化に対応できず、消滅していったことは事実であるが、同時に企業組織はその本質からして、組織の危機に対して最も敏感であり、したがって、危機から立ち直る特性を有していることも事実なのである。ここでは経営組織論の創始者、Ｃ・バーナード（一八八六～一九六一）の議論から学ぶこととしたい。彼の議論は、組織の原点を確認し、自己革新型組織を考える上で重要な視点を提供してくれる。

ウェーバーやマートンも研究者（社会学者）であり、組織経営に責任を持つ立場にはなかった。ミヘルスは社会民主党の党員であったが、彼が名を残したのはもっぱら学者としてであった。それに対して、経営組織論の創始者であるバーナードは、現実の経営に責任を持つ立場（電話会社社長）から組織の問題をとらえており、そのことが彼の組織論に実践的で動態的な視点を与えている。またバーナードは「自由意志についての正しい認識をもたないことが、管理活動の失敗の重要な原因である[14]」と述べているように、組織における個人の選択の自由や自由意志など主体的側面を重視したが、これこそ、現代組織が抱える矛盾を解決する際に、つねに立ち戻るべき原点なのである。

組織が固有のシステムを形成し、特有のメカニズムに従うとはいえ、いかなる時代、いかなる組織も人間によって担われることに変わりはない。官僚制を担うのも人間であるし、またその矛盾を打ち破るのも同じ人間である。したがって、個人の動機や欲求を論じること、すなわち**組織の人間的側面や組織改革における人間の主体的な役割を正しく評価すること**は、企業だけでなく、政党を含めあらゆる組織が活性化するための重要な前提なのである。

人間的要素の重視は、バーナードによる組織の定義にも反映している。彼は組織を

「二人以上の人々の意識的に調整された活動や諸力の体系」(『経営者の役割』)と考える。同時に彼はよく知られているように、組織を成立させる三つの要素として、①伝達(コミュニケーション)、②貢献意欲、③共通目的、を挙げる。簡単に言えば、組織の役割は、これらの三つの要素をその時々の環境条件をふまえながら、いかに有効に結びつけ、機能させるかにある。

バーナードの簡潔な組織論は、組織の本質やその動態的性格、さらにその活性化を考える際の視点として大変有益である。というのは、このような定義は、ウェーバー流の構造分析では忘れられていた、組織の人間的側面を思い出させ、組織革新のための実践的視点を与えてくれるからである。しかも彼においては、人間は組織のたんなる手段ではない。「私は人を自由に協働せしめる自由意思をもった人間による協働の力を信じる。また協働を選択する場合にのみ完全に人格的発展が得られると信じる」[15]と彼が言う時、組織は人間的発達にとっての条件としても位置づけられているのである。

組織における人間の役割や心理的側面の重要性は、マクレガーによるX理論(権限行使と命令重視)とY理論(統合と自己統制重視)の区別などを含め、その後、社会心理学や経営組織論において重要なテーマとなるが、この点こそ組織変革を考える者にとって、欠かしてはならない問題意識なのである。その最大の理由は次節で論じるように、組織には既存の組織形態を守ろうとする「組織慣性」と呼ばれる、牢固たる傾向が存在するが、そのような組織の環境適応を阻害する傾向を打ち破るには、やはり組織を形成する人間に頼らなければならないからである。

ところで、一定の組織形態は、それに対応する人間像が想定されている。官僚制に対応するのは、血の通った人間ではなく、定められた任務を受動的に遂行する機械的人間である。現在でも軍隊や警察のような組織では、このような人間像で足りるであろう。しかし変化の激しい時代においては、この種の組織が機能不全を起こすことは明らかである。特に現実対応の失敗が命取りになるような企業組織では、官僚制とは異なる人間像を求めざるを得ない。そこでは構成員の動機を重視し、やる気や創意を引き出さすことが、組織存続の不可欠の条件となる。画一的大量生産の時代と異なり、消費者の個別的ニーズへの迅速な対応がたえず求められる成熟した市場では、官僚的な経営は機能不全を起こすからである。変化する現実に対応するためには、まず現実と接する現場の社員のやる気と具体的感性、構想力を尊重することが最小の条件となる。

　この点は政党においても、基本的に同じと考えるべきである。企業が市場において商品をめぐって競争し、シェアを競うのと同じように、政党は政策を通して選挙民の支持を競う（競争的政党民主制）。選挙民の支持を得る政策を打ち出すためには、政党はたえず政策や政党組織の革新を迫られるのであり、そのような努力を怠る政党は、やがて政治的市場から淘汰されることになる。その意味で、政党や政策の革新を阻害する組織の官僚化と硬直化は、政党にとって致命的な状態と言わねばならない。これを避けるには、現場の意見や感性を汲み取り反映しながら、下部活動家のやる気を引き出す柔軟な組織編制へと転換することが求められる。このような組織こそ、すでに述べた自己革新型組織と言うことができるのである。

5　なぜ組織は変わらないのか――組織変革をはばむ心理

組織慣性

　自己革新型組織を展望するにあたり、まず解明すべきは組織の保守化をもたらす組

織慣性である。慣性とは「現在の運動、状態を継続しようとする物体の傾向」のことであるが、この傾向は個人や組織のあり方にも当てはまる。個人にしても組織にしても、いったん成立した生活スタイルや組織形態を変えることは簡単ではない。特に組織が大きくなればなるほど、それは難しくなる。組織慣性が強いことは組織の環境適応能力が低いことを意味しており、組織の存続にとっては致命的な欠陥となる。その点では組織慣性を弱める組織編制が求められることになるが、その前に組織慣性の大まかな特徴を理解しておく必要がある。

組織慣性には客観的側面と、主観的・精神的側面との二つがある。前者の要因としては、①古い活動を断ち切ることによる既存の投資の無駄（埋没コスト）の発生、②新しい分野の情報の不足、③既得権益層の抵抗（政治的制約）、④伝統への固執、変化への抵抗、などがある[16]。

組織改革をはばむ、このような組織慣性の客観的な要因を認識することは重要であるが、ここでは主として、主観的・精神的側面を取り上げる。イデオロギー性の強い組織においては、また集団主義的文化が支配する日本的文脈では、この側面への対応が特に重要だと思われるからである。

集団圧力と集団浅慮

その一つの例として、まず集団圧力と集団浅慮を取り上げよう。集団の中にある者が集団の「共通意思」に反する異論を主張すること、また権威者の指示に逆らうことが困難であることは、Ｓ・アッシュの実験やＳ・ミルグラムの心理実験によってよく知られているが、誤った集団の意思にみずからを従わせ同調するような弊害は、以下のような条件がそろうと、さらに倍化されることになる。それらは、①特定の考え方・イデオロギーに基づくステロタイプな発想、②組織をとりまく現実に対する科学的認識の欠如、③組織の閉鎖性と凝集性、④組織内における意見交換の自由や民主主義の実質的欠如、などである。

これらの要素がそれぞれ結びつくことにより、さらに事態を悪化させることは言うまでもない。**認識主体が特定の価値に強く支配される場合には、現実に対する科学的認識は可能とはならない**であろうし、また、自由な意見交換を保障する民主主義を欠く場合には、現実認識はさらに困難になる。集団圧力を強化する条件がそろえばそろうほど、成員は集団浅慮から逃れることは容易ではなくなり、組織慣性から逃れることが難しくなる。しかも組織が前節で見た官僚制によって編成される場合には、集団浅慮は系統的に再生産され、組織の抜きがたいエトスとなる[17]。

　このような状態は宗教団体や独裁国家などにおいて典型的であるが、程度の差こそあれ、各種の組織に多かれ少なかれ見出される事態なのである。なおこれらの組織的要因が、組織の統一を象徴する指導者への崇拝、組織内反対者の抑圧と排除、反対勢力に対する偏見などと結びついていることは言うまでもない。

認知不協和理論

　集団が特定の教条を信じ込むことが、いかに深刻な事態をもたらすかを教える理論として、アメリカの心理学者であるL・フェスティンガーの認知不協和理論がある。この理論は新たな事実がすでに確立された信念と矛盾するとき、新事実に基づいて理論を再構築するよりも、言い訳的な理屈によって、古い信念に固執する傾向を問題としたものである。フェスティンガーが研究したのはある信仰集団であるが、宗教指導者による予言（大災害の到来やキリストの再臨など）が外れたとき、信者たちが事実を尊重して信仰を捨てるのではなく、適当な理由づけ（信心不足や神の思し召しなど）によって心理的葛藤を回避し、古い信念を守ろうとする心の傾向である。これはオウム真理教などのカルト集団に広く見られる事実である。認知不協和論に集団圧力が加われば、誤った信念体系から抜け出すことはさらに難しくなるであろう[18]。

信仰やイデオロギーなどにねざす心理的慣性は、客観的な要因に比べやっかいである。その理由は、心理的機制は認識自体の枠組みを形成しており、事実を事実として認識することをはばむからである。集団圧力の研究が教えるように、事実認識は人間関係を媒介としてなされることが多いため、人間関係が事実認識そのものに影響を及ぼすのである。この点は事実と価値が峻別可能な自然科学と基本的に異なっている。それゆえ、信じ込んだ人間にいくら事実を突きつけても、素直に受け入れさせることは困難である。特に体系的な教義や理論を身につけた人間に対しては余計にそうである。このような心理的慣性の強固さは、カルト教団による洗脳からのリハビリの難しさが教えている。心理的慣性の呪縛を弱めるには、自由な組織編制に加えて、批判的で主体的な思考能力を養うことが求められるのである。

6　日本陸軍における官僚制の弊害

組織慣性は官僚制のように構造化され、硬直しやすい組織編制において強く現れやすいが、このような官僚組織の典型が軍事組織である。特にかつての日本の陸軍ほど、官僚制の弊害にとらわれた組織も珍しい。

『失敗の本質』

以前、戦前の日本陸軍の失敗の教訓を、現在の企業経営に生かそうとする研究が話題を呼んだが、これは重要で有効な問題意識であろう。『失敗の本質――日本軍の組織論的研究』（野中郁次郎他）では、ノモンハン事件から沖縄戦まで六つの作戦を分析し、そこから日本陸軍の組織的問題点を摘出している。それらは多岐にわたるが、本章の問題意識に引きつけて整理すれば、以下のようになるであろう[19]。

失敗の最大の原因は硬直化した軍事的官僚制が、現場の情報や意見をくみ上げることができず、机上の作戦を強行することによって、失敗を重ねてきた点にある。まず作戦の原型への強いこだわりがある。具体的には日露戦争、特に日本海海戦の大勝利が生んだ艦隊決戦主義と、その後の白兵銃剣主義に対する信仰の支配である。さらに、情報の軽視とエリート参謀による作戦計画の絶対化、作戦の有効性をフィードバックするシステム、すなわち総括と学習の不在、陸軍大学校での成績が軍隊内での序列を決め、理系の受験エリートが支配する人事慣行。さらに失敗の責任を不問にし、組織内の融和を優先する体質と能力主義の欠如、合理的総括をはばむ精神主義、情緒主義の横行などである。

これらの点は、作戦の失敗から学び、組織機構、管理システムを環境に適応すべく改善してきた当時のアメリカ軍と比較しても対照的であるという。責任の明確化を例にとるならば、真珠湾攻撃の際の太平洋司令官は、軍法会議にかけられ解任されているが、一方、無謀な作戦によって多大な損害を出したノモンハン事件の首謀者であった関東軍の辻参謀をはじめ、その後の主要な作戦の失敗の責任者は、その責任をほとんど不問に付されている。また能力主義についてみれば、アメリカ海軍では司令官への任官に際しては、大佐の中から現場の指揮能力を評価し、投票で決めるという。

『組織は合理的に失敗する』

一方、日本陸軍の失敗の原因を取引コストの概念を用いて説明したのが、『組織は合理的に失敗する』（菊澤研宗）である。大きな契約に際しては、相手の信用度などを調査する必要があるが、その際にかかるコストが取引コストである。このコストが大きすぎると取引自体が成立せず、したがって経済活動が停滞することになる。菊澤氏は『失敗の本質』に倣い日本陸軍の失敗事例を上げるが、彼の場合、失敗の原因を大本営と現地軍との間の情報格差や立場の違いから起こる、命令伝達をめぐる駆け引きの労力（取引コスト）に求める。上とのやりとりにコストがかかりすぎると、指揮される立場の現地軍は大本営の命令が不条理であることが分かっていても（たとえば米軍に対する水際撃退作戦）、命令に従うことになる。つまり高い取引コストが、作戦の変更をはばみ、いたずらな敗北の要因になるわけである[20]。

しかし危機的な状況により垂直的命令関係が機能しなくなると、現地軍は現実をふまえた有効な作戦を、独自に追求するようになる。その具体例が硫黄島の戦いである。現場の司令官であった栗林中将による持久作戦は、敗北したとはいえ本土決戦を遅らせる上で大きな成果を上げたが、その理由は水際作戦の失敗に学び、現地の状況やみずからの戦力にふさわしい戦術を採用したところにある。

このような事実は、集権型官僚組織よりも分権型組織の方が、より的確に現実に対応できることを教えている。この教訓を現在の企業経営に生かしたのが事業部制である。事業部制は企業が激しい環境変化や不確実な状況に対応するために採用した分権型制度であり、企業が生き残るための智恵である。菊澤氏は戦後の企業倒産を例に、強いリーダー（人間の完全合理性を前提とした）が犯す誤りに学び、分権型企業組織の重要性を強調する。

中央と現場とのギャップの要因となるのは、人間の限定合理的性格である。したがって、大事なことは人間がつねに誤りうることを自覚した上で、「常に非効率や不正が発生しうることを意識し、そしてたえずその非効率や不正を排除するような流れを作る『批判的合理的構造』を、組織が具備しているかどうかが重要となる」[21]という菊澤氏の指摘は重要である。なお限定合理性の自覚が求められるのが、指揮、管理すべき組織のトップの側であることは言うまでもない。

7 自己革新型組織への転換——革新組織再生の条件

さて、今後の革新組織のあり方を検討し、その再生を展望するのが、われわれに課された最終的課題である。これまでの考察から、本来の目的を有効に果たしうる組織形態の姿をある程度、思い描くことが可能である。そこで、これまでの議論を通して明らかとなった、組織革新の前提をいくつか上げておこう。

第一に、組織経営の公正さを担保する、官僚制の普遍的性格を確認することである。官僚制に問題があることは明らかであるが、大事なことはその利点を生かしながら、矛盾をコントロールできる体制を作ることである。中央集権化された政治体制に対応して、政党が集権的性格を維持することは避けがたいことも事実だからである。その意味で、組織原則としての民主主義的集中制の意義は明らかである。しかし自由な議論や実質的な民主主義を欠いた場合には、この原則はかえって組織の寡頭支配と硬直化を推し進め、組織の自滅を招く点にも注意しなければならない。

第二に、組織の環境適応を保障する組織形態の必要性である。この点は軍事史研究が明らかにしたところであるが、いかなる活動も現実を正確にふまえないかぎり、成果を上げることはできない。そのためには、現場の情報や考え方が重視されるような、分権型組織編制と下部組織の自律性が重要である。したがって、分権をベースとした集権的組織構造の構築が課題となる。なお個々の下部党員の自律性と主体性が、その前提となることは言うまでもない。

第三に、政党固有の矛盾の認識が重要である。革新組織が新たな社会環境に対応する自己革新型組織へと脱皮していくためには、現場の活動家の意見や感性が組織の方針に反映することが重要であるが、そのためには、ミヘルスが主張したように、党員と組織専従者との間に存在する矛盾を認識することが出発点となる。この矛盾を緩和するには、両者の擬似的一体感から決別し、現実に基づいた自由な議論が保障されること、すなわち組織内民主主義が実質的に確保されることが、必須の条件である。

しかしそのような体制は自然には生まれない。したがって田口富久治氏がかつて提起したような、**組織内少数派を尊重する組織体制を敢えて用意すること**も必要であろう[22]。また、重要問題での特別の組織内公開討論の場の設置なども検討されてよいであろう。社会が複雑化し、価値観が多様化した現代では、官僚主義的形式主義を超えるこのような努力が重要であり、その努力を怠れば、官僚制の弊害から脱出することは難しい。

加えて、ミヘルスが説いたように、組織専従の幹部が独自の利害を持つことによって、組織本来の目的が歪められないような組織編制が必要である。一般の企業では、近年、外部監査役の導入などが図られているが、単に党員個人の規律違反を問うだけでなく、組織全体の民主主義のありようを幅広くチェックする権能を付与された、実質的な監査体制の確立が、政党組織にも求められている。

本章では革新的政党組織が多くの矛盾を抱えているという問題意識から、企業から学ぶ点を多く上げたが、これはたんなるアナロジーではない。競争的政党民主主義体制下では、好むと好まざるとにかかわらず、政党はとりあえず企業的な役割を演じざるを得ないからである。政党を企業にたとえれば、政策は商品にあたるが、市場において商品が売れなければ、企業はその原因を分析し、新たな改良された商品を市場に投入する。場合によっては、会社名の変更を含め企業イメージの改善をはかるであろう。また経営の失敗が続けば、経営者は引責辞任をする。しかし一部の政党のリーダーは選挙で敗北しても、責任を取らないのが常態化している。**結果責任を取らない**

組織は、国民から信用されることはない。それは民意を無視しているに等しいからである。

このような問題が日常化する背景には、現実認識がイデオロギー的認識機制を含め、心理的要因によって規定されるという事実がある。この点をふまえるならば、政党組織の綱領や規約、各種決定、またその前提となる世界観が柔軟で、自由な議論に開かれたものであることが求められる。逆に、これらが閉鎖的で厳格であればあるほど、軍事史研究が教えるように、現実に対応した組織編制が困難となり、組織は硬直化していくことになるであろう。

おわりに

組織のあり方を変えるのは、当事者全体の責任であるが、組織慣性にかかわって論じたように、組織が内側から変わりにくいことも事実である。この点で注目すべきは、社会運動と革新組織との関係、特に前者が後者に与えるインパクトである。安保法制（２０１５年）をきっかけに生まれた市民連合は、政党の系列には属さない新たな形態の市民運動であるが、このような市民運動が活発になれば、これとの関係で、革新組織はみずからのあり方を点検せざるを得なくなる。社会運動は現実の課題に対応して生じるわけであるし、また取りあえず組織の矛盾を免れているからである。

そのためにはみずからの主張を相対化する柔軟な知性が、政党の側に求められるであろう。この点と関わって、社会学者の小熊英二氏は、これまでのマルクス主義に基づく革新運動（生産関係の矛盾の認識と体制変革を柱とする）の問題点を、以下のように指摘している。「この考え方は、一時は多くの人を魅了しました。しかしその根底には、不動の本質や真理がある、弁証法はそれに近づくのだ、という発想がありました。それだとどうしても、活動家や党中央のほうが真理に近い、大衆に学びつつもやはり導くのだ、という権威主義に結びつきやすかった……ほんとうは、究極の真理を一方だけが知っている、ということは弁証法的にはありえません[23]」。

小熊氏が**従来の啓蒙型、権威型運動論に対置するのが、参加型、対話型運動論である**。このような主張の背景には、グローバル化時代における社会の不安定化と「自由」の拡大がある。現代は一つの基準で解釈できるような時代ではない。「事実は小説より奇なり」という言葉があるが、現実は豊かであり、時代はたえず新しい傾向や運動を生み出していく。本章では言及できなかったが、そのような傾向に対して鋭い感性を磨き、それをみずからの組織革新に取り込み、活かしていくという意思の有無が今後の政党の将来を決定するであろう。

この点を理解した上で、全国的集権型組織としてのアイデンティティを再確認する必要がある。政党が一定の理念と目標に基づく綱領を有し、それに基づいた政治活動を展開するのは当然であるし、また社会運動ふくめ、市民社会の活動が政治によって総括されることも厳然たる事実である。社会運動はテーマが限定され、一過的で持続性に問題があることはよく知られている。その意味で政党の存在意義が弱まることはない。

しかしだからこそ、政党が現実をリアルに認識し、国民、市民の要請に応えうる自己革新型組織へと脱皮していくことが求められるのである。そのためには、本章で述べたような組織の矛盾を自覚し、みずからをたえず変革していく勇気と能力が不可欠なのである。それができなければ、革新政党は「革新」という名の保守に堕することになり、国民の期待を裏切ることになるであろう。

注

(1)碓井敏正『革新の再生のために』(文理閣、二〇一二年)、特に第一章、第三章。『成熟社会における人権、道徳、民主主義』(文理閣、二〇一〇年)、特に第七章。

(2)組織論は学際的な研究テーマであるが、本章で述べたような理由から、現在では主として経営学(経営組織論)の研究対象となっている。しかし経営学の問題意識は企業の組織形態にあり、組織一般の問題をカバーする形にはなっていない。また日本社会の特性から、組織をテーマとする著述は結構多い。たとえば、小倉寛太郎・佐高信『組織と人間』(角川 one テーマ21、二〇〇九年)、山本七平『日本人と組織』(角川新書、二〇〇七年)、などがある。しかしこれらは、学問的研究と言うにはほど遠いのが現状である。

(3)富永健一『経済と組織の社会学理論』(東京大学出版会、一九九七年)一四三頁。

(4)M・ウェーバー『権力と支配』(講談社学術文庫)二八七頁。

(5)同書、二七六頁。

(6)R・マートン『社会理論と社会構造』みすず書房、一九六一年。

(7)日本的後進性と官僚制の支配については、辻清明『新版・日本官僚制の研究』(東京大学出版会、一九六九年)、特に「日本官僚制と『対民衆官紀』」参照。

(8)R・ミヘルス『現代民主主義と政党の社会学』(木鐸社、一九九六年)一六一~一六五頁。なお当時、ドイツ共産党が有力な革命政党として存在していたことは周知の通りであるが、現在の革新政党の組織矛盾を考察するには、組織の路線、体質などから社会民主党の方が適当と思われる。

(9)同書、四二三頁。

（10）同書、四三七頁。
（11）同書、四四二頁。
（12）同書、二九一頁。
（13）A・シャフは社会主義官僚の弊害に関する、ミヘルスとブハーリンの論争を取り上げている。ブハーリンは党の官僚化に懸念を抱きつつも、特権階級存在の経済的根拠がなくなること、民衆の文化的水準が向上することなどによりミヘルスの主張を批判していたという。A・シャフ『社会現象としての疎外』（岩波書店、一九八四年）、「第二章　客観的疎外」参照。
（14）C・バーナード『経営者の役割』（田杉競他訳、ダイヤモンド社、一九五六年）一五頁。
（15）同書、三〇九頁。なおバーナードの経営論の全体的理解のために、飯野春樹編『バーナード経営者の役割』（有斐閣新書、一九七九年）が役に立つ。
（16）この点については、桑田耕太郎・田尾雅夫『組織論』（有斐閣アルマ、一九九八年、一〇七～一〇八頁）に習って整理した。
（17）集団圧力や集団浅慮の理解だけでなく、経営論の立場からの組織論を分かりやすく解説した入門書として、金井壽宏『経営組織』（日経文庫、一九九九年）が役に立つ。
（18）L・フェスティンガーによる、ある信仰集団の事件とその分析は、『予言がはずれるとき』（勁草書房、一九九五年）参照。
（19）野中郁次郎他『失敗の本質――日本軍の組織論的研究』（中公文庫、一九九一年）参照。なお指導者のあり方を中心に日本軍の矛盾を分析したものとして、半藤一利『日本型リーダーはなぜ失敗するのか』（文芸新書、二〇一二年）が面白い。

(20) 菊澤研宗『組織は合理的に失敗する』(日経ビジネス文庫、二〇〇九年)参照。
(21) 同書、二四一頁。
(22) 田口富久治氏の前衛党組織論については、「先進国革命と前衛党組織論――『民主集中制』の組織原則を中心に」(田口富久治『先進国革命と多元的社会主義』大月書店、一九七八年、所収)。なお左翼政党の多元主義については、最近のドイツ左翼党の実践が面白い。この点については、木戸衛一『ドイツ左翼党の挑戦』(せせらぎ出版、二〇一三年)、星乃治彦『台頭するドイツ左翼』(かもがわ出版、二〇一四年)が参考になる。なおドイツ左翼党は、東ドイツのSED(社会主義統一党)を源流としている。
(23) 小熊英二『社会を変えるには』(講談社新書、二〇一二年)四六四頁。

おわりに

わたしのこれまでの著書は、いずれも現実的問題意識に基づくものであった。しかし本書ほど、現実の要請に迫られて書いたものはない。直接のキッカケは今年の2月と3月における二人の共産党員に対する除名処分である。この件が国民に共産党とくにその組織体質に対する拒否感を抱かせたことは、直後の一斉地方選挙で同党が予想以上の敗北を喫したことからも分かるところである。

もちろん組織の側に、それなりの言い分があることは認めなければならない、しかし問題はなぜ党への国民の評価を落とすこのような処分がなされるのか、その組織的要因がどこにあるのかである。この点についての問題意識を持たず、現在の組織体質を続けるならば、同じようなことが繰り返され、共産党に対するネガティブな印象はさらに強まることになるであろう。

ところで共産党に対するこのような印象を国民に抱かせる、組織体質の特徴はどこにあるのであろうか。それは除名処分に象徴されるような、事実上異論を許さない閉鎖的で権威主義的な組織体質である。このような組織体質が嫌われる要因は、時代と人々の意識の変化にある。現代の日本人を支配するのは、多様な考え方や生き方を受け入れる個人主義的な市民意識である。このような市民意識の成熟がさらに進み、他方で、共産党の組織体質が変わらないようであれば、今後ますます共産党に対する市民の拒否感は強まることになるであろう。それだけに組織体質の改善が強く求められているのである。

ただ本書で論じたように、いったん成立した組織は固有の論理に支配されるものであり、内部からの組織改革は容易ではない。その点でまず求められるのは、自らのあり方を絶対化するのではなく、組織の抱える固有の矛盾を対自化し、冷静に認識することである。またそのような認識を踏まえ、時代にふさわしい自由で開かれた組織へと変わることである。このような努力は企業をはじめ、多くの組織が自らの存続のために行っていることなのである。

たとえば民主集中制についても、それが組織運営の基本原則であることは認めなければならないが、なぜそれが機能しないのか、この問題について踏み込んだ分析が必要であろう。民主集中制のような組織原則が実質的に機能するためには、組織内における自由な議論が保障されて活発な意見が交わされること、またそれが党の方針に反映されることが必要である。そのことは全体的合意を実質化することにより、党員のやる気と責任感を高めることになるであろう。このように正しい組織改革は組織の飛躍の重要な条件なのである。

しかしこのような改革を進めることは簡単な作業ではない。というのは、閉鎖的で権威主義的と言われる組織体質は共産党の基本性格、すなわちイデオロギー性の強いマルクス理論に基づく社会主義政党としての性格によって規定されているからである。それ故、組織体質の問題の根本的解決のためには、党の基本性格にまで踏み込んだ議論が必要になる。これは党名問題を含む難しい課題である。しかしこのような努力を怠るようであれば、組織体質の問題の解決は難しく、共産党の退潮はさらに進むことになるであろう。

このことは共産党だけでなく、今後の日本の政治や社会にとって、大変不幸なことである。なぜなら軍拡が押し進められ、新自由主義的政策による貧困と格差の拡大が進んでいる現在の日本を変えるには、戦前戦後を通じて平和と民主主義のために不屈に闘った日本共産党の回復と前進が大きな条件になるからである。その点で党の組織改革が重要であることを再度再確認しておきたい。またそのことは野党共闘の条件を整えることにもつながるであろう。

なお本書は最近わたしが雑誌に発表した論文と、かつて花伝社から出した『成熟社会における組織と人間』（2015年）の一部に、大幅に手を加えまとめたものである。問題の性格上、論点を明確にするためにコンパクトな形にした。その方が本書の主旨が、読者によく伝わると考えたからである。

最後に、本書の出版を快諾してくれた花伝社の平田勝社長と、編集の労を取っていただいた大澤茉実氏に、この場を借りて厚くお礼申し上げたいと思う。本書が関係者をはじめ多くの人々に読まれ、共産党の組織改革の実現に貢献することによって、日本の平和と民主主義の前進に役立つことを願うばかりである。

2023年9月　　碓井　敏正

碓井敏正（うすい・としまさ）

1946年、東京都生まれ
1969年、京都大学文学部哲学科卒業
1974年、京都大学大学院博士課程哲学専攻修了
専攻　哲学
現在　京都橘大学名誉教授

主著（単著）
『自由・平等・社会主義』（文理閣、1994年）
『戦後民主主義と人権の現在』（部落問題研究所、1996年。増補改訂版2001年）
『日本的平等主義と能力主義、競争原理』（京都法政出版、1997年）
『現代正義論』（青木書店、1998年）
『国境を超える人権』（三学出版、2000年）
『グローバル・ガバナンスの時代へ』（大月書店、2004年）
『グローバリゼーションの権利論』（明石書店、2006年）
『人生論の12週』（三学出版、2007年）
『格差とイデオロギー』（大月書店、2008年）
『成熟社会における人権、道徳、民主主義』（文理閣、2010年）
『革新の再生のために――成熟社会再論』（文理閣、2012年）
『成熟社会における組織と人間』（花伝社、2015年）
『教科化された道徳への向き合い方』（かもがわ出版、2017年）
『しのび寄る国家の道徳化』（本の泉社、2020年）

編著
『グローバリゼーションと市民社会』（文理閣、望田幸男氏との共編、2000年）
『ポスト戦後体制への政治経済学』（大月書店、大西広氏との共編、2001年）
『教育基本法「改正」批判』（文理閣、2003年）
『格差社会から成熟社会へ』（大月書店、大西広氏との共編、2007年）
『成長国家から成熟社会へ――福祉国家論を超えて』（花伝社、大西広氏との共編、2014年）
『自己責任資本主義から友愛社会主義へ』（ロゴス、西川伸一氏との共編、2022年）

日本共産党への提言——組織改革のすすめ

2023年9月10日　　初版第1刷発行

著者 ———碓井敏正
発行者——平田　勝
発行 ———花伝社
発売 ———共栄書房
〒101-0065　東京都千代田区西神田 2-5-11 出版輸送ビル 2F
電話　　　03-3263-3813
FAX　　　03-3239-8272
E-mail　　info@kadensha.net
URL　　　https://kadensha.net
振替　　　00140-6-59661
装幀 ———佐々木正見
印刷・製本—中央精版印刷株式会社

ISBN 978-4-7634-2081-7 C0031